Ratzesberger | Plastik. 100 Seiten

W0074565

✻ Reclam 100 Seiten ✻

PIA RATZESBERGER, geb. 1990, ist Redakteurin der *Süddeutschen Zeitung.* Sie hat Politik, Ökonomie und Interkulturelle Kommunikation studiert und lebt in München.

Pia Ratzesberger

Plastik. 100 Seiten

Reclam

Danke an
Monika und Wolfgang Ratzesberger, Eva Ratzesberger,
Julia Kipke, Kathrina Atzl, Helena Grebner, Laura Kubitzek,
Svenja Metschies, Gianna Niewel und den Reclam Verlag

2019 Philipp Reclam jun. Verlag GmbH,
Siemensstraße 32, 71254 Ditzingen
Umschlaggestaltung: zero-media.net
Umschlagabbildung: FinePic®
Infografiken (S. 12 f., 62 f., 78): annodare GmbH, Agentur für Marketing
Bildnachweis: S. 15: Umweltbundesamt; S. 17, 47: National Museum
of American History; S. 39: Thomas Kirschner; S. 49: Wikimedia
Commons / Holger.Ellgaard; S. 52: Wikimedia Commons / Sand-
stein; S. 74: Pascal Haeck; S. 76: imago images / Christian Mang;
Autorinnenfoto: © Alessandra Schellnegger
Druck und Bindung: Kösel GmbH & Co. KG,
Am Buchweg 1, 87452 Altusried-Krugzell
Printed in Germany 2019
RECLAM ist eine eingetragene Marke
der Philipp Reclam jun. GmbH & Co. KG, Stuttgart
ISBN 978-3-15-020551-8

Auch als E-Book erhältlich

www.reclam.de

Für mehr Informationen zur 100-Seiten-Reihe:
www.reclam.de/100Seiten

Inhalt

Das Plastik

Das Meer vergisst nicht. Die Wellen schwemmen den Müll an die Küsten und legen den Menschen vor die Füße, was sie loswerden wollten. Wir können dann erahnen, was die Ozeane bergen, doch den meisten Müll sehen wir nicht. Das meiste Plastik sinkt hinab in die Tiefe. Tausende Meter unter der Oberfläche finden sich Flaschen und Schuhe, Fischernetze und Autoreifen. Auf dem Grund lagert ein Archiv unseres Lebens.

Die Menschen haben an Land gegraben, um mehr über ihre Vorfahren herauszufinden, haben die Knochen von Neandertalern untersucht und die Schätze von Pharaonen. In ein paar hundert Jahren, auch in tausend Jahren noch, werden sie auf dem Grund der Ozeane viel über uns erfahren. Die Flaschen und Autoreifen werden ihnen von einer Zeit erzählen, in der die Menschen so viel Plastik produziert haben wie noch nie zuvor.

Die Nachrichten vom Kunststoff in unseren Meeren und in unseren Körpern bewirken, dass momentan über kein anderes Material so viel debattiert wird wie über Plastik. Dabei ist es noch nicht lange her, dass wir den Kunststoff überhaupt nicht in Frage stellten. Nach dem Zweiten Weltkrieg war er ein Material des Wiederaufbaus, und bis heute ist er Antrieb unseres Konsums, die Menschen liebten das Plastik und ich auch.

Es begann mit einem Papagei in einem türkisfarbenen Käfig, vielleicht zehn Zentimeter groß. Ein Geschenk zum Geburtstag. Auf dem Tisch brannten vier Kerzen und ich bekam noch ein paar andere Dinge, Murmeln und Bilderbücher, der Papagei aber war mir am liebsten. Er hatte kurze Flügel und einen großen Schnabel und vor allem roch er nach Plastik. Ein Geruch, den ich als Kind liebte. Es war für mich der Geruch von Neuem.

Das Plastik hat mich mein Leben lang begleitet. Meine Großmutter und meine Mutter hatten ihre Schulbrote noch in Backpapier eingewickelt, ich legte am Morgen eine Box aus Kunststoff in meinen Rucksack. Ich bewunderte auf dem Pausenhof die Kinder mit den blinkenden Schuhen (aus Plastik) und baute am Nachmittag aus bunten Steinen neue Welten zusammen (aus Plastik). Ich kaufte mir viele Jahre später von meinem Taschengeld eine Jacke, die wie Leder aussah, jedoch aus Kunststoff bestand, und wiederum viele Jahre danach räumte ich mein erstes Sofa in meine erste Wohnung. Auch das war aus Kunststoff.

Der französische Philosoph Roland Barthes bezeichnete das Plastik einmal als magisches Material, aus dem man alles erschaffen könne, was man sich nur vorzustellen vermag. Er träumte in den 1950er Jahren von einer plastifizierten Welt, und nur wenige Jahrzehnte später bin ich in dieser Welt aufgewachsen. Roland Barthes schrieb seinen Aufsatz voller Euphorie, und auch während meiner Jugend stellte das Plastik noch kaum jemand in Frage. Erst in den vergangenen Jahren hat sich das Verhältnis der Menschen zu diesem Material so stark verändert wie noch nie zuvor in der Geschichte. Das hat zum einen damit zu tun, dass wir immer mehr über Plastik wissen – und zum anderen damit, dass wir noch lange nicht genug wissen.

Es vergeht kaum eine Woche, in der in den Zeitungen und in den sozialen Netzwerken nicht vom Plastik und seinen Folgen zu lesen wäre. Wissenschaftlerinnen und Wissenschaftler schätzen, dass wir bislang mehr als acht Milliarden Tonnen Kunststoff auf der Erde produziert haben und mehr als sechs Milliarden Tonnen davon zu Müll wurden. Umweltschützerinnen und Umweltschützer beklagen, dass mindestens fünf Millionen Tonnen Plastik innerhalb eines Jahres ins Meer gelangen und sich der Kunststoff nicht nur am Grund der Ozeane findet, sondern auch in den Mägen von Fischen und Vögeln. Verbraucherschützerinnen und Verbraucherschützer geben zu bedenken, dass bestimmte Substanzen in Kunststoffen dem Menschen schaden können. Manche sind in den vergangenen Jahren verboten worden.

Plastik findet sich überall auf der Welt, selbst in Gegenden fern der Städte und fern der Menschen, und es baut sich so langsam ab, dass es uns über Jahrhunderte erhalten bleiben wird. Welche Folgen das haben wird, wissen wir nicht, und immer mehr Menschen wird Plastik deshalb unheimlich. Sie versuchen, auf den Kunststoff zu verzichten, und das ist in manchen Bereichen auch sinnvoll, doch wir werden nie wieder in einer Welt ohne Plastik leben. Es ist deshalb umso wichtiger, dass wir uns darüber Gedanken machen, wie wir in Zukunft mit dem Material umgehen wollen. Diese 100 Seiten sollen dabei helfen.

Das erste Kapitel wird vom Problem mit dem Müll erzählen, vom Kunststoff in den Ozeanen und den vielen Verpackungen. Im zweiten Kapitel wird es um die Risiken von

Plastik gehen, um verbotene Weichmacher und den Tod eines Eissturmvogels. Im dritten Kapitel werden wir mehr über die Menschen erfahren, die den Kunststoff erfunden haben, über einen verarmten Eisenwarenhändler zum Beispiel oder über die Experimente eines Buchdruckers. Im vierten Kapitel werden wir dem Weg des Plastiks folgen und herausfinden, was mit dem Kunststoff passiert, den wir in unsere Tonnen werfen. Im fünften Kapitel schließlich wird es vor allem um uns Menschen gehen – und um die Frage, was wir tun können, damit in Zukunft nicht immer noch mehr Plastik zu immer noch mehr Müll wird.

Es ist eine gute Zeit, um darüber nachzudenken, weil sich gerade viel verändert. Die Politikerinnen und Politiker haben das Problem erkannt, nicht nur in den Gemeinderäten und Stadträten wird über Plastikmüll debattiert, sondern auch in Berlin und in Brüssel. In den großen Unternehmen arbeiten Menschen währenddessen an besseren Verpackungen, zum einen wegen neuer Gesetze, zum anderen aber auch, weil die Kritik am Plastik lauter wird. Nicht nur in den Bioläden des Landes legt man uns nahe, dass wir an dem Material sparen sollten, sondern ebenso in Drogerien oder Restaurants oder in einer Strandbar irgendwo im Süden von Kroatien. Die Menschen setzen sich mit ihrem Plastikmüll auseinander, gerade weil sie so oft mit ihm konfrontiert sind. Andere globale Herausforderungen wie der Klimawandel zum Beispiel sind ihnen zwar bewusst, aber die dünner werdende Ozonschicht ist eine abstrakte Vorstellung – während jede und jeder andauernd irgendeine Plastikfolie aufreißt.

Wir sollten die Zeit nutzen, in der so viel Interesse an diesem Thema da ist und so viel Wille. Denn die öffentliche Aufmerksamkeit funktioniert wie ein Scheinwerfer: Für einen kurzen Moment leuchtet er einen Teil der Bühne aus, die Menschen im Publikum blicken alle auf diese eine Stelle, die zuvor im Dunkeln lag. Dann schwenkt der Scheinwerfer um und die Zuschauer richten ihre Augen wieder auf einen neuen Punkt. Auf ein neues Problem.

Wir sollten die Zeit nutzen, um unseren Umgang mit dem Plastik neu zu verhandeln. Um Ideen zu entwickeln und auch Utopien. Die Antwort auf die Frage, was wir tun können, sei an dieser Stelle vorweggenommen:

Viel.

Der Müll

Wir leben in Städten aus Plastik. Wir arbeiten in Büros voller Plastik, wir schlafen auf Plastik. Wir fahren mit Hilfe von Plastik durch die Straßen und fliegen mit ihm ans andere Ende der Welt. Wir bezahlen mit Plastik und wir telefonieren damit. Wir trinken aus Plastik und baden darin. Wir ziehen uns am Morgen Plastik an und schalten am Abend damit das Licht aus. Man muss nur einmal kurz die Augen schließen und in Gedanken alles aus der Wohnung räumen, was aus Plastik hergestellt ist. Es würde nicht viel übrigbleiben. Die Zahnärzte füllen Plastik in unsere Zähne, die Chirurgen ersetzen unsere Gelenke damit und selbst in unserem Blut sind die Kunststoffe angekommen. Plastik findet sich auf den Feldern und in den Böden, in den Flüssen und in den Meeren. Wenn man heute eine Plastikflasche in die Nordsee wirft, werden ihre kleinsten Bestandteile in 450 Jahren noch immer da sein, vielleicht auch noch länger. Wir leben in einer Welt der Kunststoffe – und wir werden sie nie wieder loswerden.

Blickt man in der Geschichte zurück, sind Epochen immer wieder nach Materialien benannt worden, die das Leben der Menschen entscheidend verändert haben. Es gab die Steinzeit und die Bronzezeit, die Eisenzeit und die Kohlezeit. Jetzt leben wir in der Plastikzeit. Sie ist von einem künstlichen, vom Menschen geschaffenen Stoff bestimmt, der so wandelbar ist wie kein anderer. Unter dem Begriff Plastik werden heute alle Arten von Kunststoffen zusammengefasst, aus denen wahlweise ein Abflussrohr oder ein Fallschirm entstehen kann. Auch eine künstliche Arterie.

Plastik hat uns viel Gutes gebracht. Der Mensch hat sich mit den Kunststoffen Träume erfüllt, von einem verlängerten Leben und von ihm dienenden Maschinen, von Telefonen und Raumanzügen. Ohne Plastik wäre vieles teurer, erst mit den Kunststoffen konnten sich immer mehr Menschen Dinge leisten, die zuvor als Luxus galten. Wasserflaschen wären ohne Plastik schwerer und Reisen mühsamer, ohne Plastik wäre auch vieles nicht möglich, was dem Schutz der Umwelt dient. Windräder oder Elektrobusse zum Beispiel. Doch das Plastik verändert das Leben des Menschen nicht nur in den Bereichen, in denen er es möchte, sondern auch, in denen er es nicht möchte, und längst haben wir die Kontrolle darüber verloren, wie stark der Stoff unsere Welt prägt.

Der Begriff Plastik, in Teilen Deutschlands auch Plaste, stammt von dem griechischen Wort *plássein* ab, das ›bilden‹ und ›formen‹ bedeutet. Während man in anderen Ländern ausschließlich von *plastic* (englisch) oder *plastique* (französisch) spricht, von *plastica* (italienisch) oder *plast* (schwedisch) oder *plastikowy* (polnisch), reden wir in Deutschland auch von Kunststoffen. Anfang des 20. Jahrhunderts gründete ein Chemiker eine Zeitschrift mit dem Titel *Kunststoffe*, und seine Kollegen sollten sich Jahrzehnte über den Begriff streiten, bis er sich in der Wissenschaft durchsetzte. Manche Chemikerinnen und Chemiker reagieren heute noch ungehalten, wenn sie das Wort Plastik hören, was aber nichts daran ändert, dass es überall zu hören ist. Im Duden steht: »Plastik, das. Bedeutung: Kunststoff«.

Das Tolle an Kunststoffen ist, dass sie so gut wie jede Eigenschaft annehmen können, die wir uns nur vorzustellen vermögen. Sie können hart sein oder weich, elastisch oder fest, durchsichtig oder opak. Im Gegensatz zu Holz oder Glas sind sie kaum kaputtzukriegen, das ist ein großer Vorteil, der gleichzeitig ein großer Nachteil ist. Denn eines haben alle Kunststoffe gemeinsam, so unterschiedlich sie sind – sie bleiben verdammt lange in der Welt. Eine Plastiktüte im Meer braucht Schätzungen des Umweltbundesamtes zufolge zehn bis zwanzig Jahre, bis sie sich aufgelöst hat. Das Plastik zerfällt in immer kleinere Teile, die wir irgendwann nicht einmal mehr unter einem Mikroskop erkennen können. Heute findet sich viel von diesem feinen Plastik im Meer.

Immer wieder werden Videos von Tauchern im Internet veröffentlicht, die zeigen, wie die Kunststoffe durchs Wasser treiben. Zum Beispiel von einem Mann namens Rich Horner, der in der Nähe der indonesischen Insel Bali unterwegs war. Der Brite wollte Rochen beobachten, doch anstatt von Fischen war er von Folien und Kondomen umgeben, von Fetzen und Tüten. Als er am nächsten Tag an die gleiche Stelle zurückkehrte, war der Müll verschwunden. Die Strömung hatte ihn weitergetragen, in den Indischen Ozean. Im Internet sind unzählige solcher Videos zu sehen, in den Kommentaren ist dann »erschreckend!!!« oder »ein absoluter Albtraum« zu lesen. Trotzdem werden jede Minute auf der Welt wieder eine Million Plastikflaschen verkauft.

Wir wissen, dass wir bedachter mit dem Plastik umgehen sollten und machen es trotzdem nicht. Es ist wie mit so vielen anderen Dingen, die einem das Leben für einen Moment einfacher machen, wie mit dem Fliegen und mit dem Autofahren, mit den schnellen Pommes an der Ecke. Wir wissen, es wäre besser, darauf zu verzichten, aber wir haben gelernt, dass wir nicht verzichten müssen. Wir haben uns daran gewöhnt, dass wir alles kaufen können, immer und überall, und dass wir uns für die meisten Waren nicht mehr anstrengen müssen. Das Plastik hilft uns dabei, unseren Glauben an den Konsum nicht in Frage zu stellen. Dabei ist offensichtlich, dass wir das tun sollten.

Man muss nur einmal beobachten, wie viel Plastik man innerhalb einer Woche in die Tonne wirft, und sich dann den Müll vorstellen, den man in seinem Leben bislang aufgetürmt hat. Vielleicht würde sich unser Verhältnis zu unserem Abfall verändern, wenn dieser Berg eines Tages vor uns läge, wenn wir die Tür öffnen würden. Um unseren Müll nämlich kümmern wir uns meistens nur, solange wir ihn sehen. Wenn die Laster dann vorfahren, um unsere Tonnen zu leeren, haben wir schon lange vergessen, was wir hineingeworfen haben, und sind dabei, die nächsten Tonnen zu füllen. Ohne uns zu fragen, was mit unserem Müll geschehen wird und ohne uns zu fragen, ob es sich gelohnt hat, einen Becher herzustellen, den wir nur ein einziges Mal verwendet haben – die Antwort kennen wir wahrscheinlich schon. Wenn es gut läuft, lagert unser Abfall am Ende immerhin nicht auf einer Deponie, das meiste Plastik in Deutschland wird verbrannt. Doch erstens sind die Rohstoffe, aus denen der Kunststoff einmal hergestellt wurde, dann für immer verloren. Zweitens weiß niemand, was mit dem Plastik passiert, das trotzdem noch in Böden, Flüsse und Meere gelangt. Wir wissen nicht, ob eine Flasche im Wasser nach 450 Jahren tatsächlich zerfallen sein wird. Vor 450 Jahren gab es noch kein Plastik. Erst unsere

Nachfahren werden das aufklären können, sie werden so viel mehr Plastik in den Ozeanen finden als wir heute. Jede einzelne Flasche, die wir ins Wasser werfen, werden wir ihnen hinterlassen.

Das Meer täuscht einen. Blickt man weit draußen vor der Küste auf die Wellen, könnte man glauben, es sei noch unberührt, so blau, wie es da liegt. Dabei sind die Ozeane voller Kunststoff. Schon in den 1970er Jahren entdeckten Wissenschaftler die kleinen Teile im Wasser, und in den 1990er Jahren stieß ein Kapitän namens Charles Moore auf eine schwimmende Müllhalde, die später als »Great Pacific Garbage Patch« bekannt werden sollte. Heute wird sie mehr als viermal so groß wie Deutschland geschätzt, auch wenn Grenzen in den Wellen kaum auszumachen sind. »Ich war kein moderner Kolumbus, der einen Plastikkontinent entdeckte. Ich war ein Seefahrer, der zuerst ungläubig und dann mit größerer Sicherheit bemerkte, dass dieser riesige Abschnitt überall mit schwimmenden Plastikfetzen übersät war«, schreibt Moore in seinem Buch *Plastic Ocean*. Was er zwischen Hawaii und Kalifornien in den Wellen treiben sah, war allerdings nur ein Bruchteil des Mülls. Würde man mit dem Schiff aufs Wasser hinausfahren, wäre man überrascht, wie wenig Plastik mancherorts zu sehen wäre – vieles ist so fein, dass wir es nicht erkennen können.

Wir wissen heute von fünf Müllhalden in den Meeren. Eine treibt im Indischen Ozean, neben dem Great Pacific Garbage Patch noch eine weitere im Pazifik, und zwei finden sich im Atlantik. Der Müll folgt den Wellen und so sammelt er sich stets in der Nähe des Äquators, wo die Strömungen aus Norden und Süden aufeinandertreffen. Ein Mann aus den Niederlanden namens Boyan Slat versucht mit seinem Projekt *The*

Ocean Cleanup gerade, den Abfall am Great Pacific Garbage Patch wieder aus dem Wasser zu ziehen, doch selbst wenn ihm das gelingen sollte, wird es ihm ergehen wie Sisyphos in der griechischen Sage: Es wird neuer Müll nachkommen. Niemand kann mit Gewissheit sagen, wie viel Plastik ins Meer gelangt, Schätzungen der Wissenschaftlerin Jenna Jambeck sowie ihren Kolleginnen und Kollegen zufolge sollen es in einem Jahr fünf bis dreizehn Millionen Tonnen sein. Das wären bis zu vier Prozent der weltweiten Produktion. Der meiste Müll stammt dabei nicht von Schiffen, sondern vom Land:

- vom Wind, der den Müll von offenen Deponien in die Flüsse oder ins Meer trägt.
- aus dem Abwasser, in dem sich zum Beispiel noch Fasern aus Pullovern finden. Selbst Kläranlagen, die einen großen Teil des Mikroplastiks aus dem Wasser filtern, können bislang noch nicht alles fassen.
- von Menschen, die ihren Müll direkt in die Flüsse oder ins Meer werfen. (In Deutschland spielt zudem der Abrieb von Autoreifen auf den Straßen eine große Rolle.)

Wenn wir wissen wollen, woher das meiste Plastik in den Weltmeeren stammt, müssen wir nach Asien blicken. Für den meisten Müll sind gerade einmal fünf Länder verantwortlich: Die Philippinen, Indonesien, Thailand, Vietnam und China (wobei *Ocean Conservancy* zufolge Indien eine ähnlich große Rolle spielt). Der größte Fluss Chinas zum Beispiel, der Jangtse, zieht sich einmal quer durch das Land, von den Hochebenen Tibets bis zum Ostchinesischen Meer. Dort soll er so viel Plastik ins Wasser spülen wie kein anderer Fluss auf der Welt. Auch der Gelbe Fluss in China oder der Indus in Pakistan

Die fünf Müllstrudel

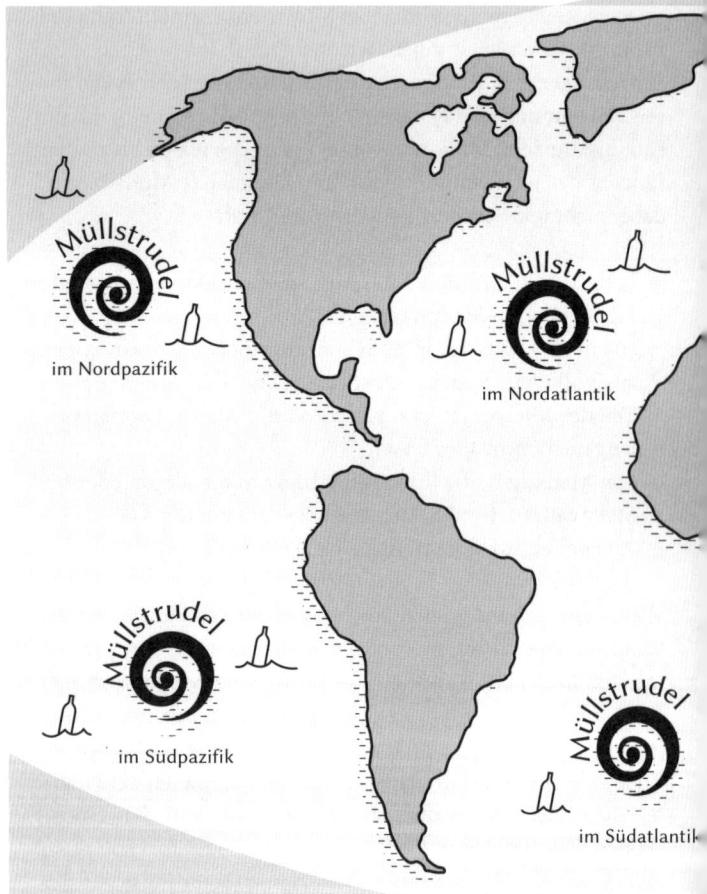

Müllstrudel

im Indischen
Ozean

schwemmen viel Plastik an – was aber nicht bedeuten soll, dass nur Asien ein Problem mit dem Müll hätte. Vor allem China hat dem Ausland in den vergangenen Jahren große Mengen Plastikmüll abgenommen, auch aus Deutschland.

Ohnehin spülen die Menschen überall auf der Erde Kunststoff ins Wasser. In unseren Ozeanen könnte 2050 mehr Plastik schwimmen als Fische, warnte der frühere Vizepräsident der Europäischen Kommission einmal. Der Kunststoff würde dann schwerer wiegen als alle Fischschwärme zusammen, sagte Frans Timmermans damals. Er bezog sich auf eine Studie aus den USA, der zufolge schon im Jahr 2025 auf drei Tonnen Fisch eine Tonne Plastik kommen könnte. Das sind Schätzungen, denn niemand kann nachzählen, wie viele Fische und wie viele Kunststoffe sich weltweit im Wasser finden. Manche Wissenschaftlerinnen und Wissenschaftler kritisieren die Prognosen stark, aber egal wie viel Plastik in Zukunft in den Ozeanen treiben wird, eines wissen wir schon heute – es wird zu viel sein.

Um die Meere zu schützen, schlug die Europäische Kommission Anfang des Jahres 2018 vor, bestimmte Produkte aus Kunststoff in allen Staaten der EU zu verbieten. Sie konzentrierte sich auf das Einwegplastik, das am meisten Müll an den Stränden hinterlässt und für das es schon Alternativen gibt. Trinkhalme und Teller zum Beispiel, Messer und Gabeln, Becher und Boxen.

Seine Kinder habe er bereits ermahnt, sagte Frans Timmermans, sie sollten doch bitte keine Trinkhalme aus Plastik mehr verwenden. Das Europäische Parlament kam ein paar Monate später zu dem gleichen Schluss wie der Familienvater: Die Politikerinnen und Politiker beschlossen eine Richtlinie, die ab dem Jahr 2021 in allen Staaten der EU umgesetzt sein soll.

Die an europäischen Stränden am häufigsten gefundenen Einwegprodukte:

1 Einwegbesteck; 2 Lebensmittelbehälter; 3 Einwegteller;
4 Zigarettenfilter; 5 Kosmetikstäbchen; 6 Einwegflaschen und -deckel;
7 Rührstäbchen; 8 Strohhalme; 9 Getränkebecher; 10 Tampons und
Tamponapplikatoren; 11 Hygieneeinlagen; 12 Feuchttücher;
13 Plastiktüten; 14 Luftballonhalter; 15 Frischhaltefolie

Dann wird kein Imbiss mehr Teller aus Einwegplastik ausgeben dürfen, auch kein Plastikbesteck mehr. Viele Betriebe sind deshalb gerade auf der Suche nach Alternativen, einige haben die Halme aus Plastik durch Glas ersetzt oder durch Edelstahl, sie produzieren keinen Müll mehr. Die Suche aber ist nicht immer so einfach, denn ein Material ist nicht zwingend umweltfreundlicher, nur weil es besser abbaubar ist als Kunststoff. Es kommt unter anderem darauf an, wie viel Energie verwendet wird, um das Material herzustellen, um es zu verarbeiten und zu transportieren. Eine Papiertüte muss nicht ökologischer sein als eine Plastiktüte, sie ist es zum Beispiel nicht, wenn man sie nur einmal verwendet. Doch sollte die Richtlinie aus Brüssel ihr Ziel erreichen, würde immerhin weniger Plastik von den Stränden Europas aus ins Meer geschwemmt, und das wäre zumindest ein Anfang.

Denn noch gelangen von der Europäischen Union aus jedes Jahr 150 000 bis 500 000 Tonnen Plastik ins Meer, wobei die halbe Million Tonnen einer Ladung von 66 000 Müllwagen entspricht. Im Mittelmeer, umgeben von drei Kontinenten und von Millionen Touristen besucht, soll die Konzentration von Mikroplastik sogar noch einmal deutlich höher sein als in dem Strudel, den der Kapitän Charles Moore damals entdeckte. Das meiste Plastik im Meer sinkt ab, gerade die kleinen, von Sonne, Wind und Wellen zerriebenen Teile. Tief auf dem Grund, wo der Mensch ihn leicht vergessen kann, sollen heute 70 Prozent des Plastikmülls der Meere lagern. Die Ökologin Melanie Bergmann bezeichnete die Tiefsee deshalb einmal als »Endlager«, von dem niemand sagen könne, wie groß es wirklich ist. Selbst in der Arktis hat sie noch Kunststoff gefunden, fern der Städte und fern der Menschen.

Das verwundert einen nicht, wenn man sich ansieht, wie viel Kunststoff heute produziert wird. Der Lobbyverband Plastics Europe veröffentlicht solche Statistiken. Unternehmen, die Kunststoffe herstellen, haben sich in dem Verband zusammengeschlossen, Firmen wie Wacker Chemie oder BASF. In den 1950er Jahren, als die Tupper-Party gerade erst erfunden wurde, waren es innerhalb eines Jahres weltweit 1,5 Millionen Tonnen Plastik. Heute werden im gleichen Zeitraum mindestens 322 Millionen Tonnen hergestellt. Das ist mehr als das Zweihundertfache und alleine in den nächsten 20 Jahren soll sich die Menge noch einmal verdoppeln. Auch, weil manche Länder erst jetzt so richtig loslegen mit dem Plastik.

Die meisten Kunststoffe werden heute in Asien hergestellt, danach folgt Europa: Innerhalb eines Jahres erwirtschaften knapp 60 000 Firmen mehr als 350 Milliarden Euro mit der Produktion von Kunststoffen (wobei in dieser Statistik von Plastics Europe neben den Staaten der Europäischen Union auch Norwegen und die Schweiz eingerechnet sind). Bekannte Unternehmen in Deutschland sind zum Beispiel Lanxess in Köln oder BASF in Ludwigshafen. Letzteres Unternehmen besaß schon in den 1930er Jahren ein sogenanntes Kunststofftechnikum, in dem Arbeiter Polystyrol in Holzfässer abfüllten. Später sollten daraus Telefone und Stühle werden, Kleiderbügel und Einwegrasierer, oder Dämmungen für Hauswände.

Eine Tupper-Party der 1950er Jahre in den USA

Die Menschen begannen damals, ihre Welt aus Kunststoff zu formen, und heute, nur ein paar Jahrzehnte später, kommt keine Branche mehr ohne Plastik aus. Die Automobilfirmen nicht – ein Auto besteht zu mindestens 15 Prozent aus Kunststoff. Die Bauunternehmen nicht – Wände und Dächer werden mit Kunststoffen isoliert. Die Medizinunternehmen nicht – die Transfusion von Blut zum Beispiel ist heute mit Plastikbeuteln einfacher als mit Glasflaschen. Sieht man sich an, welche Branchen in Deutschland am meisten Kunststoff verbrauchen, macht die Medizin allerdings nicht einmal zwei Prozent aus, im Gegensatz zur Verpackungsindustrie. Keine andere Branche verbraucht so viel Plastik, zuletzt verarbeiteten die Unternehmen innerhalb eines Jahres mehr als vier Millionen Tonnen Kunststoff. Das meiste davon war neue Ware. Neues Plastik aus neuen Ressourcen.

Wenn Kunststoffe in Autos oder in Häusern verbaut werden, verbleiben sie dort lange; die Verpackungen aber werden nach kurzer Zeit wieder zu Müll. Sie können trotzdem sinnvoll sein, sie können uns zum Beispiel vor Keimen schützen oder Waren länger haltbar machen. Doch viele bräuchten wir nicht. Die Firmen verpacken so gerne, weil die Waren damit wertvoller wirken, außerdem bedeutet mehr Fläche auch mehr Platz für Werbung, dabei könnte man bei den Verpackungen viel Plastik sparen. Das beliebteste Beispiel war bis vor kurzem die Plastiktüte, die wir im Schnitt nur 25 Minuten nutzen.

In anderen Ländern sind diese Tüten mittlerweile sogar verboten, in Ruanda zum Beispiel. Es ist untersagt, sie zu importieren, sie herzustellen, zu verkaufen und auch sie zu besitzen – ansonsten drohen hohe Geldstrafen und bis zu einem Jahr Gefängnis. Das Verbot aus dem Jahr 2008 scheint zu wirken, in den Straßen Kigalis seien heute keine Plastiktüten

So viel Plastik verbrauchen die einzelnen Branchen in Deutschland

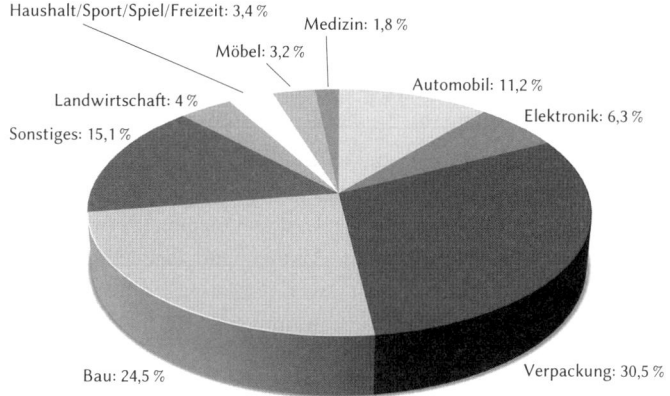

Haushalt/Sport/Spiel/Freizeit: 3,4 %

Medizin: 1,8 %

Möbel: 3,2 %

Automobil: 11,2 %

Landwirtschaft: 4 %

Elektronik: 6,3 %

Sonstiges: 15,1 %

Bau: 24,5 %

Verpackung: 30,5 %

Quelle: *Conversio Stoffstrombild Kunststoffe 2017*

mehr zu sehen, war einmal in der *Zeit* zu lesen. Nur manchmal zögen Händler heimlich noch eine kleine Tüte unter dem Ladentisch hervor, die aus dem Kongo ins Land geschmuggelt worden sei. Auch in anderen Ländern Afrikas sind die Tüten untersagt, in Mauretanien zum Beispiel oder in Marokko, in Kenia hat man sogar noch härtere Strafen erlassen als in Ruanda, mit bis zu vier Jahren Haft.

Ein Verbot gibt es in Deutschland bislang nicht, eine Richtline der Europäischen Union aber schreibt allen Staaten der EU vor, dass sie den Verbrauch der Tüten in den nächsten Jahren senken müssen – viele Supermärkte haben die Tüten deshalb aus dem Sortiment genommen oder verlangen zumindest ein wenig Geld dafür. Es ist kein Zufall, dass man sich in Brüssel als Erstes ausgerechnet mit der Tüte befasst hat, denn sie hat es zum Symbol geschafft. Die Tüte steht für das viele Plastik, auf das wir leicht verzichten könnten, wenn wir uns nur anstrengen würden. Meistens machen wir das nicht, dabei haben wir das Problem mit den unnötigen Verpackungen noch lange nicht gelöst, nur weil an den meisten Kassen keine kostenlosen Tüten mehr liegen.

Die Unternehmen in Deutschland stellen immer noch mehr Verpackungen her, zuletzt waren es Schätzungen zufolge 4,5 Millionen Tonnen. Das waren fast sieben Prozent mehr Taschen, vier Prozent mehr Flaschen und fast vier Prozent mehr Folien als noch im Jahr zuvor. »Negative Diskussionen in den Medien zeigen keine Auswirkungen am Markt«, schrieben die Hersteller in einer Pressemitteilung.

Wir häufen mit unseren Verpackungen in Deutschland so viel Abfall an wie in keinem anderen Land in der Europäischen Union. In einem Jahr waren es zuletzt mehr als 18 Millionen Tonnen, das macht für jede und jeden von uns um die 220 Kilogramm, wobei in dieser Zahl auch der Müll aus dem Gewerbe mit eingerechnet ist. Die meisten Verpackungen werden noch immer aus Papier oder aus Holz hergestellt, aber Plastik gewinnt an Bedeutung. Die große Menge an Müll ist auch die Folge einer starken Industrie, wenn ein Land viel produziert, muss viel verpackt werden. Doch alleine das kann die Zahlen nicht erklären, denn etwa die Hälfte des Abfalls stammt aus den Tonnen vor unseren Haustüren. Das sind in einem Jahr noch immer mehr als 100 Kilogramm für jede und für jeden von uns.

Ein Grund für den vielen Müll mag unsere immer ältere, immer vereinzeltere Gesellschaft sein. Viele Menschen leben alleine, nicht nur die Alten, sondern auch die Jungen, und kau-

Das Plastik der Welt

8,3 Milliarden Tonnen Plastik wurden produziert

6,3 Milliarden Tonnen davon wurden zu Müll

Von den 6,3 Milliarden Tonnen Müll wurden ...

9 %	12 %	79 %
recycelt	verbrannt	auf Deponien oder in der Natur gelagert

Quelle: *Science Advances*

fen kleinere, abgepackte Portionen an Lebensmitteln ein. Vor allem aber sind die vielen Verpackungen ein Zeichen unserer Bequemlichkeit. Wir lassen uns das Abendessen vom Restaurant nach Hause liefern, bestellen unseren Wocheneinkauf im Internet und kaufen in der Mittagspause die geschnittenen Melonenstücke im Plastikbecher. Die Industrie nennt solche Produkte *convenience food*, bequemes Essen, und an das haben wir uns gewöhnt. Wir glauben noch immer, dass wir ohne Folgen kaufen, wegwerfen und wieder kaufen können. Aber wenn wir es uns weiterhin so bequem machen, wird die Zukunft unbequem werden, vielleicht noch nicht für uns, aber auf jeden Fall für die nächsten Generationen.

Amerikanische Wissenschaftlerinnen und Wissenschaftler haben einmal versucht hochzurechnen, wie viel Plastik auf der Welt bisher produziert wurde, und kamen auf 8,3 Milliarden Tonnen. Das ist ungefähr so viel wie das Gewicht von 80 Millionen Blauwalen oder einer Milliarde Elefanten. Das meiste davon wurde zu Müll, von dem wiederum nur ein Bruchteil recycelt wurde. Der große Rest landete entweder auf Deponien oder in der Natur.

Wenn sich an diesen Zahlen nichts ändert, werden wir uns an Bilder wie die von der Küste Balis gewöhnen müssen. An Wasser voller Kunststoff, an Bilder von toten Walen aus Spanien oder Norwegen oder Thailand, wie sie immer wieder in den sozialen Netzwerken zu sehen sind. Die Menschen teilen diese Bilder, weil sie mit einem emotionalen Motiv ein globales Problem illustrieren – wenn sich niemand um das Plastik kümmert, verbleibt es in der Natur. In Thailand zum Beispiel würgte ein Wal kurz vor seinem Tod noch eine Plastiktüte nach oben, und in seinem Magen fanden Forscher später mehr als achtzig davon. Das Tier hatte insgesamt acht Kilo Plastik in seinem Bauch.

Wir werden in Deutschland gegen Plastiktüten an der Küste Thailands wenig tun können, unsere Tüten landen normalerweise auch nicht im Wasser, sondern im Müll. Doch wir sollten nicht vergessen, dass in unseren Flüssen trotzdem eine Menge Kunststoff schwimmt. Deutsche Umweltämter haben zuletzt 25 Flüsse untersucht und in allen 25 Mikroplastik gefunden. »Es kann von einer zivilisatorischen Grundlast von Kunststoffpartikeln in den Gewässern ausgegangen werden«, steht im Abschlussbericht. Das unsichtbare Plastik produziert zwar keine so drastischen Bilder wie die toten Wale, das Problem aber ist das gleiche. Wir haben nicht unter Kontrolle, wohin unser Plastik gelangt, und wir wissen noch immer nicht, welche Folgen es haben wird.

Eine Gruppe von deutschen Wissenschaftlerinnen und Wissenschaftlern versucht gerade, ein sogenanntes Plastikbudget zu errechnen. Eine gerade noch akzeptable Menge an Plastik also, die auch in Zukunft in die Natur gelangen darf.

Die Wissenschaftlerinnen und Wissenschaftler sehen sich unter anderem an, wie viel Plastik bis heute produziert wurde, wie viel davon in der Umwelt verbleibt und vor allem wie lange. Für manche Kunststoffe rechnen sie sogar mit einer Verfallszeit von bis zu 2000 Jahren. »Und das ist wohlgemerkt der Best Case«, sagt Jürgen Bertling, der das Projekt am Fraunhofer-Institut für Umwelt-, Sicherheits- und Energietechnik leitet. Jede und jeder von uns hinterlasse in einem Jahr etwa fünf Kilo Plastik in der Umwelt und das meiste davon sei Mikroplastik. Der liegengelassene Müll am Strand oder am Straßenrand mache nur ein Kilo aus, im Gegensatz zum Mikroplastik aber werde dieser Müll in den meisten Fällen immerhin wieder eingesammelt. Jürgen Bertling und seine Kolleginnen und Kollegen forschen noch bis zum Jahr 2020 am Plastikbudget, dann werden sie ihre Ergebnisse vorstellen. Eines können sie schon jetzt sagen: Die Menge, die sie uns erlauben werden, wird deutlich unter den fünf Kilo Plastik pro Kopf liegen, die wir noch heute innerhalb eines Jahres hinterlassen.

Die Gefahren

Sieht man den Eissturmvogel hoch droben am Himmel, erinnert er einen an eine Möwe. Er brütet an steilen Klippen und schwebt über der offenen See, über dem Nordpazifik und dem Nordatlantik. Dort ernährt er sich von allem, was er in den Wellen findet. Von Fischen, Schnecken, Krebsen und immer öfter auch von Plastik. Der Vogel kann nicht unterscheiden, was Schnecke ist und was Kunststoff, er würgt auch nicht nach oben, was er nicht verdauen kann und so trägt er mittlerweile den schönen Beinamen Bioindikator. Auf der Insel Helgoland beobachten Wissenschaftlerinnen und Wissenschaftler seit Jahren ihren Bioindikator, um herauszufinden, wie es der Nordsee und ihren Bewohnern geht. Die Antwortet lautet: schlecht.

In den Mägen fast aller toten Vögel fanden die Wissenschaftlerinnen und Wissenschaftler Plastik. Meistens waren es mehr als 0,1 Gramm, manchmal auch mehr als 0,3 Gramm. Das mag sich für uns nach einer geringen Menge anhören, aber der Eissturmvogel ist klein. Auf unsere Maße umgerechnet müssen wir uns vorstellen, in unserem Magen läge eine Brotdose voller Plastik. Dann wissen wir, wie es dem Eissturmvogel geht. Das Plastik schadet nicht nur ihm, sondern in den Ozeanen sollen mehr als 600 Arten darunter leiden. Meeresschildkröten etwa halten Plastiktüten für Quallen, und Albatrosse versorgen ihren Nachwuchs mit Verschlüssen von Colaflaschen. Die entscheidende Frage für die Zukunft wird sein, welche Folgen das für die Tiere haben wird – und welche wiederum für uns, wenn wir Tiere essen, die Plastik essen.

Am meisten Sorgen machen den Meeresforschern die kleinen Organismen am Beginn der Nahrungskette. Meerasseln zum Beispiel können das Plastik noch vor der Verdauung filtern, zumindest bis zu einer bestimmten Größe, Miesmuscheln dagegen können das nicht und reagierten in einer Studie mit starken Entzündungen. In Frankreich gaben die Wissenschaftlerin Rossana Sussarellu und ihre Kolleginnen und Kollegen pazifischen Austern winzige Plastikpartikel mit in die Zuchtbecken und beobachteten, dass die Samen der Tiere immer langsamer wurden und sie weniger Eier legten. Das Plastik minderte ihre Fruchtbarkeit. Kritikerinnen und Kritiker entgegneten, dass die Konzentration im Zuchtbecken viel höher gewesen sei als in der Natur und man deshalb nicht wisse, ob Mikroplastik auch im Meer so wirke. Auf Helgoland forscht man gerade daran.

Gunnar Gerdts arbeitet seit mehr als 25 Jahren auf der Insel, am Telefon meldet er sich mit »Moin, Moin«. Als Mikrobiologe hat er sich lange Zeit mit Bakterien beschäftigt, dann aber stellte er fest, dass er zwar viel über Bakterien wusste, nicht aber über das Mikroplastik, auf dem sie sich ansiedelten. Er begann, sich das Plastik genauer anzusehen. Gemeinsam mit seinen Kolleginnen und Kollegen am Alfred-Wegener-Institut des Helmholtz-Zentrums für Polar- und Meeresforschung hat er fast 300 Fische aus der Nordsee und aus der Ostsee untersucht.

In vielen fanden sie Plastik. Die Unterschiede aber waren groß. Makrelen etwa fressen deutlich mehr Kunststoff als Flundern, die in der Nähe des Bodens leben. Die Makrelen jagen an der Oberfläche nach frisch geschlüpften Seenadeln und verwechseln dort treibende Fasern mit Beute. Gunnar Gerdts isst trotzdem noch Makrelen.

Den Mikrobiologen ärgert, dass manche aus seiner Studie schlossen, Fisch zu essen sei gefährlich. Das wisse man noch nicht. »Die Welt ist komplexer. Wir haben den Darm untersucht und nicht das Filet.« Bevor eine Makrele oder ein anderer Fisch auf einen Teller kommt, wurde ihm der Magen-Darm-Trakt in der Regel entnommen. Entscheidend ist deshalb, ob die Kunststoffe bis dahin schon in das Muskelgewebe vorgedrungen sind. Beim Thünen-Institut, das zum Bundeslandwirtschaftsministerium gehört, liest man, daran werde auf der ganzen Welt intensiv geforscht. Ein Satz, den man häufig hört, wenn man herausfinden will, wie gefährlich das Mikroplastik für den Menschen ist.

Immer mehr Studien zeigen, dass sich das Plastik nicht nur in Tieren, sondern auch im Menschen nachweisen lässt, zuletzt fanden Wissenschaftlerinnen und Wissenschaftler zum Beispiel Plastik im Stuhl. Doch es gibt kaum Studien, die zeigen, was diese Funde bedeuten – es könnte auch sein, dass die Tiere und die Menschen das Plastik wieder ausscheiden, ohne Schaden zu nehmen. Gunnar Gerdts und seine Kolleginnen und Kollegen auf Helgoland wollen das herausfinden. Sie erforschen, wie sich das Plastik auf Muscheln auswirkt, unter möglichst natürlichen Bedingungen und mit Wasser aus dem Meer. Eines stehe fest, sagt Gunnar Gerdts dann noch, was auch immer bei seiner Studie herauskommen wird, und was auch immer die Studien ergeben werden, die gerade überall auf der Welt in Arbeit sind: »Das Zeug gehört da nicht rein«. Das Plastik gehört nicht ins Meer. Dann legt er auf.

Kunststoff im Meer ist einerseits gefährlich, weil sich Chemikalien aus ihm lösen können. Andererseits kann Plastik wie ein Magnet auch Schadstoffe anziehen, die sich schon im Wasser befinden. Mit denen treibt das Plastik dann durch die Meere und bringt Bakterien an immer neue Orte – je länger der Kunststoff durch das Wasser treibt, umso mehr Schadstoffe können sich anreichern. In Hamburg zum Beispiel haben Forscher herausgefunden, dass das Mikroplastik im Sediment der Elbe, der Weser und der Trave, aber auch der Nordsee und der Ostsee, um das Drei- bis Vierfache stärker mit Schadstoffen belastet ist als die sonstige Umgebung. Plankton beispielsweise nimmt das Plastik mitsamt seinen Schadstoffen in sich auf, Muscheln wiederum fressen Plankton und Fische fressen Muscheln. Irgendwann könnte das Plastik, das wir achtlos ins Wasser geworfen haben, also wieder auf unserem eigenen Teller liegen. Und dann?

In Berlin gibt es eine Behörde, zu deren Aufgabe es gehört, solche Fragen zu beantworten. Sie nennt sich Bundesinstitut für Risikobewertung, kurz BfR. In einer Stellungnahme der Behörde vom Herbst 2018 heißt es: »Dem BfR liegen keine gesicherten Daten zur chemischen Zusammensetzung, zur Partikelgröße und zum Gehalt von Mikroplastikpartikeln in Lebensmitteln vor. Aufgrund des Fehlens belastbarer Daten ist eine gesundheitliche Risikobewertung […] derzeit nur eingeschränkt möglich.« Das zeigt, dass auch Wissenschaftlerinnen und Wissenschaftler noch immer viel zu wenig über das Mikroplastik wissen, um abschätzen zu können, welche Folgen es mit sich bringt.

Das Bundesinstitut für Risikobewertung hatte im Jahr 2016 die Europäische Behörde für Lebensmittelsicherheit um eine

Stellungnahme zum Mikroplastik gebeten, eine Agentur der Europäischen Union. Die rechnete damals vor, dass ein Mensch mit einer Portion Muscheln höchstens 0,000007 Gramm Mikroplastik aufnehme und man deshalb von einer geringen Belastung ausgehe. Wie die deutsche kam aber auch die europäische Behörde zu dem Schluss, dass die Daten zu unvollständig seien, weshalb man dringend weiter forschen müsse, um das Risiko abschließend bewerten zu können. Dazu passen frühere Auskünfte der Bundesregierung zum Mikroplastik, in denen immer wieder der gleiche Satz zu lesen ist: »Der Bundesregierung liegen hierzu keine Erkenntnisse vor.« Die Regierung verwies unter anderem auf ein Forschungsprogramm, das in den nächsten Jahren bessere Daten liefern soll.

Wir stehen also noch ganz am Anfang, die Wissenschaft ist sich bislang noch nicht einmal einig, wann Mikroplastik überhaupt als Mikroplastik gilt. Oftmals wird als obere Grenze eine Größe von weniger als fünf Millimetern genannt, aber noch hat man sich nicht auf eine einheitliche Definition verständigt. Gerade weil das Mikroplastik so klein ist, tun sich die Wissenschaftlerinnen und Wissenschaftler mit ihren herkömmlichen Verfahren schwer. Vor einigen Jahren zum Beispiel wollten Forscherinnen und Forscher Mikroplastik in Honig oder Bier nachgewiesen haben, in fast allen Zeitungen war davon zu lesen. Die Schlagzeile »Plastik im Bier« elektrisierte. Im Nachhinein aber mussten die Wissenschaftlerinnen und Wissenschaftler einräumen, dass sie in ihrer Analyse nicht zwischen Partikeln aus Kunststoff oder aus Sand, Metall und Glas hatten unterscheiden können. Das mag ein Einzelfall sein, doch er zeigt, wie kompliziert die Sache ist. Gunnar Gerdts und andere Wissenschaftlerinnen und Wissenschaftler verlassen sich bei ihren Forschungen deshalb nicht mehr nur auf das menschliche Auge und auf Mikroskope, sondern bestrahlen die Partikel mit Infrarotlicht. Das regt die Moleküle zum Schwingen an, und anhand dieser Schwingungen können die Forscherinnen und Forscher dann bestimmen, ob es sich bei ihrem Fund um Kunststoff handelt – und wenn ja, um welchen.

Die Mikrobiologen auf Helgoland sind eine von vielen Gruppen, die zurzeit am Mikroplastik forschen, überall auf der Welt laufen Studien. Forschende am Fraunhofer-Institut kamen zum Beispiel zu dem Schluss, dass in Deutschland die meisten Partikel vom Abrieb von Autoreifen stammen. Chemikerinnen und Chemiker in Münster untersuchten Mineralwasser aus 22 Plastikflaschen und 9 Glasflaschen. Auch im Wasser aus den Glasflaschen fanden sie einen relativ hohen Anteil an Mikroplastik – wie das Plastik ins Wasser gekommen sei, müsse man noch untersuchen, hieß es damals. Gunnar Gerdts sowie seine Kolleginnen und Kollegen hatten einmal zufällig bei einer Studie in Proben aus dem Grundwasser einen hohen Gehalt an Kunststoff entdeckt. Später fanden sie heraus, dass der Plastikdeckel auf den Proben schuld daran war. Allein durch das Auf- und Zuschrauben war der Kunststoff ins Wasser gelangt.

Wie sehr wir uns auch anstrengen, wir werden uns nie sicher sein können, dass das Plastik nicht doch einen Weg in unseren Körper findet. Nur: Sollte uns das überhaupt Sorgen machen? Oder wäre es nicht besser, hinzunehmen, dass das Plastik ohnehin überall ist und wir nichts dagegen tun können?

Wir sollten uns nicht damit abfinden. Wir sollten zumindest aufmerksam sein. Plastik rettet uns manchmal das Leben, in Form von Fahrradhelmen oder Blutbeuteln, doch manchmal birgt es auch Risiken. Wir sollten deshalb darüber nachdenken, wann wir den Kunststoff unbedingt brauchen und wann wir auf ihn verzichten könnten. Denn es hat seinen Preis, dass Plastik uns so gut wie jeden Wunsch erfüllen kann. Bedenklich sind zum Beispiel manche Zusatzstoffe.

Diese Stoffe haben eine Aufgabe. Sie sollen das Plastik weicher machen oder vor Flammen schützen, doch mit der Zeit können sie sich aus dem Plastik lösen und in unsere Umwelt gelangen. Manche der sogenannten Weichmacher hat die Europäische Chemikalienagentur bereits als »besonders besorgniserregend« eingestuft. Das bedeutet, dass die Stoffe auf einer sogenannten Kandidatenliste geführt werden, Stoffe auf dieser Liste sollen nach und nach durch sichere Alternativen ersetzt werden. Verboten sind sie deshalb noch nicht. Die Verantwortung liegt bei den Unternehmen: Wird ein Stoff aufgenommen, haben die Firmen von diesem Zeitpunkt an gewisse Pflichten. Sie müssen zum Beispiel das nächste Unternehmen in der Lieferkette informieren, wenn ihr Produkt einen besorgniserregenden Stoff enthält, zumindest, wenn es um eine Konzentration von mehr als 0,1 Prozent geht. Am Ende soll so auch die letzte Firma in der Kette nachvollziehen können, welche Stoffe in einem Produkt enthalten sind.

Die europäische Verordnung, die das regelt, nennt sich REACH (*Registration, Evaluation, Authorisation and Restriction of Chemicals* – also ›Registrierung, Bewertung, Zulassung und Beschränkung chemischer Stoffe‹). Ihr Zweck besteht darin, uns vor Risiken durch Chemikalien zu schützen. Im Bundesinstitut für Risikoforschung ist eine eigene Abteilung für diese Verordnung zuständig. Ihr Leiter, Professor Andreas

Luch, sagt, auch wenn ein Stoff auf der Kandidatenliste noch nicht verboten sei, verändere sich schon dadurch einiges, dass er darauf genannt werde: »Der Stoff steht dann an einer Art öffentlichem Pranger und ein Unternehmen wird sich gut überlegen, ob es den Stoff wirklich für sein Produkt braucht.«

Fast 200 Substanzen finden sich momentan auf der Liste. Auf der Webseite der Europäischen Chemikalienagentur kann man nachlesen, welcher Stoff wann und warum aufgenommen wurde, dort finden sich auch mehr als ein Dutzend Weichmacher. Die sogenannten Phthalate sind gefährlich, weil sie unsere Hormone beeinflussen und unsere Fruchtbarkeit mindern können. Sie stehen außerdem im Verdacht, unser Immunsystem, unser Nervensystem sowie unsere Nieren und unsere Leber zu schädigen. Trotzdem kommen sie nach wie vor in vielen Produkten vor, zum Beispiel in einem Kunststoff namens Polyvinylchlorid, besser bekannt als PVC. Der Kunststoff ist eigentlich hart, erst die Phthalate machen ihn weich, und es ist unmöglich aufzuzählen, was alles aus PVC hergestellt wird. Das Angebot reicht von Bodenbelägen und Tapeten über Kunstleder bis hin zu Schwimmreifen. Es ist schwer, einen bestimmten Kunststoff wie PVC im Laden zu meiden, weil wir oftmals nicht erfahren, aus welchem Kunststoff ein Produkt hergestellt wurde. Während auf einem Joghurtbecher genau angegeben sein muss, wie viel Fett und wie viel Zucker das Produkt enthält, gilt das nicht für seinen Becher. Es gibt zwar sogenannte Recyclingcodes, die einem verraten, welche Gruppe von Kunststoffen man vor sich hat, ob man zum Beispiel Polyethylen in den Händen hält oder Polystyrol. Aber erstens finden sich die Codes nicht auf allen Produkten – sondern nur auf denen, die aus einem Kunststoff bestehen, der auch wiederverwertet werden kann. Und zweitens sagt der

Code noch nichts über die genaue Zusammensetzung des Kunststoffs aus.

Wir kaufen also kiloweise Plastik, ohne zu wissen, was wir kaufen. Die Unternehmen müssen uns nicht darüber informieren, welche Chemikalien in welchem Produkt enthalten sind, doch immerhin haben wir das Recht, nachzufragen. Wenn man sich bei einem Unternehmen erkundigt, welche sogenannten »besorgniserregenden« Stoffe ein Produkt enthält (auch in diesem Fall geht es wieder um eine Konzentration von mehr als 0,1 Prozent), muss die Firma innerhalb von 45 Tagen antworten. Das gilt für die meisten Dinge, für Schuhe und Kleider, für Möbel und Autos, für Verpackungen und Haushaltswaren.

Wir hätten viele Wochen zu tun, wenn wir alle Hersteller von all unseren Plastikprodukten anschreiben würden, aber es gibt vorbereitete Formulare. Das Umweltbundesamt – die zentrale Behörde, die sich in Deutschland um eine saubere Umwelt kümmert – hat sogar eine App entwickelt, die sich »Scan4Chem« nennt. Scannt man den Barcode eines Produkts mit dem Handy ein, verschickt das Programm automatisch Anfragen an die Hersteller. Beim Umweltbundesamt hofft man, dass sich damit in Zukunft mehr Menschen informieren werden: »Vertreter von Unternehmen können dann nicht behaupten, dass es niemanden interessiert, welche Stoffe sie in ihren Produkten verwenden«, sagt Eva Becker aus der Abteilung Chemikalien.

Bei manchen Phthalaten immerhin hat sich die Nachfrage schon erübrigt. Die Europäische Union hat einige Weichmacher bereits verboten, zumindest für Spielzeug und andere Produkte, mit denen Babys und Kleinkinder viel in Kontakt kommen. Darin dürfen bestimme Phthalate nicht mehr in einer höheren Konzentration als 0,1 Prozent enthalten sein – was einem Verbot gleichkommt. »Die Weichmacher machen in so einer niedrigen Konzentration keinen Sinn, denn sie erfüllen ihre Aufgabe erst ab einer Konzentration von mindestens 20 Prozent«, sagt Professor Andreas Luch vom BfR.

Manche Phthalate könnten bald auch in weiteren Produkten verboten sein. Zumindest hat die Europäische Kommission 2018 vorgeschlagen, das Verbot für vier Weichmacher auszuweiten, die in Spielzeug schon heute nicht mehr erlaubt sind. Die Weichmacher mit den Namen DEHP, DBP, BBP und DIBP dürften dann in keinem Produkt mehr enthalten sein, das Menschen im Alltag verwenden. Man könne das Verbot nur begrüßen, hieß es beim Bundesumweltministerium damals, denn die Substanzen bärgen »erhebliche Gesundheitsrisiken«. Die deutsche Verbraucherzentrale rät, möglichst kein Spielzeug aus Polyvinylchlorid zu kaufen oder zumindest Produkte auszuwählen, die mit dem Hinweis »phthalatfrei« versehen seien. Auf Flohmärkten solle man keine alten Plastikfiguren oder Puppen mitnehmen. Das Spielzeug könne Weichmacher enthalten, die schon seit Jahren verboten sind.

Die zweite Substanz, über die mindestens so viel debattiert wird wie über die Weichmacher, heißt Bisphenol A, kurz BPA. Der Stoff gilt ebenfalls als besonders besorgniserregend und Wissenschaftlerinnen und Wissenschaftler debattieren seit Jahren darüber, wie besorgniserregend er nun ist. Man kennt den Namen vor allem von Babyflaschen, auf denen mittlerweile der Hinweis »BPA free« zu lesen ist, denn bei den Flaschen ist die Substanz heute verboten. In beschichteten Konservendosen aber kommt sie weiterhin vor, auch in sogenannten Thermodruckpapieren, also Kassenbons oder Fahrkarten zum Beispiel. Die Chemikalie findet sich auf der Kandidatenliste mit dem gleichen Vermerk wie manche Weichmacher: *Toxic for reproduction* ist dort zu lesen, auf Deutsch ›fortpflanzungsgefährdend‹. Außerdem steht dort *endocrine disrupting properties*: Das bedeutet, dass auch Bisphenol A wirken kann wie ein Hormon; solche Stoffe nennt man endokrine Disruptoren. Der Begriff kam zum ersten Mal Anfang der 1990er Jahre auf, die Probleme der endokrinen Disruptoren aber sind schon viel länger bekannt.

Anfang des 20. Jahrhunderts entdeckte man, dass Bisphenol A ähnlich wirken kann wie das weibliche Sexualhormon Östrogen. Während die Medizin sich auf andere, stärkere Stoffe konzentrierte, begann die Industrie, die Chemikalie zu nutzen, zum Beispiel für einen Kunststoff namens Polycarbonat. Erfunden hat den ein Mann namens Hermann Schnell in einem Werk der Bayer AG in Krefeld in Nordrhein-Westfalen, Anfang der 1950er Jahre. Heute werden aus Polycarbonat unter anderem Wasserflaschen, Motorradhelme oder Vorratsboxen hergestellt. Es kommt dabei weniger darauf an, wie viel Bisphenol A in einem Produkt tatsächlich enthalten ist, als vielmehr darauf, wie viel sich aus einem Produkt löst. Die vergangenen Jahre zeigen, wie kompliziert die Bewertung ist: Die Europäische Behörde für Lebensmittelsicherheit kam 2015 zwar zu dem Schluss, dass es keinen Anlass zur Sorge gebe. Im Alltag nähmen wir nur wenig Bisphenol A auf und erst größere Mengen seien bedenklich – gleichzeitig aber korrigierte sie den sogenannten Grenzwert deutlich nach unten. Der Grenzwert ist die Menge, bis zu der ein Stoff für uns Menschen als unbedenklich erachtet wird. Galt es vorher als harmlos, dass wir bis zu fünfzig Mikrogramm pro Tag und pro einem Kilo Körpergewicht aufnehmen, waren es dann plötzlich nur noch vier Mikrogramm. Dabei hatte die Behörde den Grenzwert erst wenige Jahre zuvor angehoben, von zehn Mikrogramm auf die erwähnten fünfzig Mikrogramm. Das machte viele Menschen misstrauisch. Fragt man beim Bundesinstitut für Risikoforschung nach, heißt es dort, es gebe eine einfache Erklärung für die vielen unterschiedlichen Zahlen: Um einen Grenzwert festzulegen, werden Versuche mit Tieren durchgeführt, zum Beispiel mit Mäusen oder mit Ratten. Die Wissenschaftlerinnen und Wissenschaftler beobachten, ab welchem Wert bei den Tieren gerade keine Effekte mehr auftreten – dieser Wert ist dann der sogenannte NOAEL. Eine Abkürzung für *no observable adverse effect level*, was auf Deutsch so viel heißt wie ›Level ohne beobachtbare Beeinträchtigungen‹. Die Wissenschaftlerinnen und Wissenschaftler übertragen den Wert auf den Menschen, und weil ein Mensch keine Maus ist, beziehen sie sogenannte Sicherheitsfaktoren mit ein.

Beim ersten, vorläufigen Grenzwert von zehn Mikrogramm pro Kilogramm und pro Tag sei im Jahr 2002 die Datenlage zwar ausreichend gewesen, sagt Professor Andreas Luch vom BfR, aber »aufgrund von verbliebenen Unsicherheiten« habe man mit einem höheren Sicherheitsfaktor gerechnet als normalerweise üblich. Nur ein paar Jahre später erschien dann eine neue Studie und habe die bisherige Forschung bestätigt. Deshalb rechnete man wieder mit dem üblichen Sicherheitsfaktor – und kam auf den neuen, höheren Grenzwert von 50 Mikrogramm. Nachdem im Anschluss noch einmal mehrere Studien publiziert worden seien, habe man deren Ergebnisse vorsichtshalber berücksichtigt und so sei man auf den aktuellen, vorläufigen Grenzwert von vier Mikrogramm gekommen. Gleichzeitig gab man eine ausführliche Studie in Auftrag, in der die Ergebnisse der neuen Studien noch einmal überprüft werden sollen, um über »verbliebene Unsicherhei-

Kunststoff in Kosmetik

Die kleinen Kugeln aus Plastik, über die vor ein paar Jahren viel debattiert wurde, sind heute nur noch selten in Peelings und Zahnpasten enthalten. Doch Kunststoffe werden auch in flüssiger Form in Kosmetika verwendet, zum Beispiel als Filmbildner. Das Umweltbundesamt schätzt die Gefahren für die Umwelt zwar geringer ein als bei festem Plastik, unter anderem, weil später, wenn die Kunststoffe aus dem Abwasser wieder in den Flüssen landen, im Magen-Darm-Trakt von Tieren »keine physikalischen Schäden« zu befürchten seien. Die Behörde weist aber generell darauf hin, dass man keine Kosmetik verwenden solle, die schwer abbaubare Stoffe enthalte. Der Bund für Umwelt und Naturschutz veröffentlicht regelmäßig einen sogenannten Einkaufsführer, in dem er Produkte auflistet, die feste oder auch lösliche Kunststoffe enthalten. Dort finden sich die Abkürzungen der häufigsten Kunststoffe in Kosmetika:

ten Auskunft zu geben«. Wenn diese Studie erscheint, könnten die Werte also noch einmal korrigiert werden. Dann zum vierten Mal.

Das Beispiel von Bisphenol A zeigt, wie schnell sich verändern kann, was als bedenklich gilt – und wie wenig wir noch immer über die Risiken mancher Chemikalien wissen. Kritikerinnen und Kritiker sagen, es sei unverantwortlich, die Grenzwerte immer wieder zu verändern, denn sie glauben nicht an deren Sinn. Ein Grenzwert setzt voraus, dass ein Stoff erst ab einer bestimmten Menge schädlich ist. Die Kritikerinnen und Kritiker aber argumentieren, gerade weil Bis-

- Polyethylen (PE)
- Polypropylen (PP)
- Polyethylenterephthalat (PET)
- Nylon–12
- Nylon–6
- Polyurethan (PUR)
- Acrylates Copolymer (AC)
- Acrylates Crosspolymer (ACS)
- Polyacrylat (PA)
- Polymethylmethacrylat (PMMA)
- Polystyren (PS)
- Polyquaternium (PQ)

(Quelle: *Bund für Umwelt und Naturschutz*)

phenol A wie ein Hormon wirke, komme es nicht auf die Menge an, schon kleinste Dosen könnten gefährlich sein. Der Bund für Umwelt und Naturschutz zum Beispiel fordert ein Verbot von Bisphenol A, ähnlich wie in Frankreich. Dort beschloss man im Jahr 2015, dass BPA in keinem Material mehr verwendet werden darf, das mit Lebensmitteln in Kontakt kommt.

Im Umweltausschuss des Europäischen Parlaments wurde 2018 zwar auch darüber diskutiert, doch am Ende stimmten die Abgeordneten gegen ein Verbot und beschlossen, die Grenzwerte lediglich zu senken. Der Bund für Umwelt und

Naturschutz bezeichnete das als »skandalöse Entscheidung«. Beim Bundesinstitut für Risikobewertung dagegen gibt man zu bedenken, dass zum Bisphenol A mittlerweile so viele Gutachten vorlägen wie zu wenigen anderen Substanzen. Alternative Stoffe seien im Zweifelsfall schlechter erforscht.

Wenn wir eine Konservendose öffnen oder einen neuen Teppich verlegen, müssen wir am Ende darauf vertrauen, dass darin nicht mehr bedenkliche Substanzen enthalten sind, als die Grenzwerte erlauben. Die Verantwortung liegt bei den Unternehmen. Sie müssen sich an die Vorschriften halten, sie riskieren sonst nicht nur hohe Strafen, sondern auch, dass ihr Produkt vom Markt genommen wird und der Vorfall für immer mit ihrem Namen verbunden bleibt. Doch ein Risiko bleibt uns: Bis die Behörden einen Verstoß bemerken, wurde das Spielzeug, der Teppich oder der Fensterrahmen vielleicht schon zehntausendfach verkauft. »Die Marktüberwachung arbeitet im Prinzip retrospektiv«, sagt Andreas Luch vom BfR. Die Behörden könnten niemals alle Produkte kontrollieren, bevor die Unternehmen sie verkaufen. Sie können immer erst Stichproben machen, wenn die Waren im Laden stehen. Für die Kontrollen zuständig sind in Deutschland die Behörden in den Bundesländern, und sie finden immer wieder Produkte, in denen mehr gefährliche Substanzen erhalten sind als erlaubt. Auch Organisationen wie zum Beispiel die Stiftung Warentest oder Öko-Test machen solche Stichproben, veröffentlichen und verkaufen die Ergebnisse. Im besten Fall fragen wir selbst immer wieder bei den Unternehmen nach. Man wird das niemals bei allem Plastik schaffen, das man kauft, aber vielleicht zumindest bei den Dingen, die man lange behält. Bei einem Schrank, einem Stuhl oder einem Paar Gummistiefel.

Eine amerikanische Familie hat für Werner Bootes Film *Plastic Planet* alle Kunststoffartikel aus ihrem Haus geräumt.

Ein Regisseur namens Werner Boote hat vor zehn Jahren einmal einen Dokumentarfilm über Plastik gedreht, der mittlerweile ein Klassiker ist. Der Film heißt *Plastic Planet*, Lehrer zeigen ihn im Unterricht und die Bundeszentrale für politische Bildung hat ihn kostenlos auf ihre Internetseite gestellt. Werner Boote ist für seinen Film damals zu den Fabriken gereist, in denen die Kunststoffe entstehen, und zu den Wissenschaftlern, die ihre Gefahren erforschen, er hat Lobbyisten besucht und auch den Kapitän Charles Moore, den Entdecker des Müllstrudels im Pazifik. Am Ende des Films sitzt Boote dann im österreichischen Umweltbundesamt vor unfruchtbaren Paaren. Der Regisseur hatte eine kleine Studie in Auftrag gegeben, um herauszufinden, ob sich im Blut dieser Paare mehr Substanzen aus Kunststoffen finden als bei anderen, fruchtbaren Menschen. Weichmacher zum Beispiel. Es stellte sich heraus, dass die Paare tatsächlich besonders viele solcher Substanzen im Blut hatten. Als Boote einen der Männer fragt, ob er viel Plastik zuhause habe, antwortet der nur, »nicht bewusst«. Er kaufe eben, was ihm gefalle. Die möglichen Risiken waren ihm nicht klar – und vielen Erfindern der Kunststoffe wahrscheinlich auch nicht.

Die Herkunft

In einem kleinen Zimmer in New York, im vierten Stock, will ein Mann nun endlich Erfolg. Er hat noch immer diese spröde Masse vor sich, den Kautschuk aus Brasilien. Er würde viel dafür geben, daraus ein besseres Material zu machen, das in der Hitze nicht mehr weich wird und in der Kälte nicht mehr hart. Er wird es mit Magnesium versuchen. Mit Kalkerde. Mit Salpetersäure. Doch auch wenn es manchmal für einen kurzen Moment so scheint, als hätte er eine Lösung gefunden, wird er scheitern. Es wird Jahre dauern, bis er die passende Substanz beimischen wird, aber dann wird der Mann namens Charles Goodyear Geschichte schreiben.

Die Geschichte der Kunststoffe ist immer auch die Geschichte einer Suche. Nach dem großen Geld und nach einem billigeren Material, manchmal nach einem besseren Leben. Es ist eine Frage der Perspektive, wer die Gewinner sind und wer die Verlierer, was das Original ist und was die Kopie. Es lässt sich allein schon über die Frage streiten, wann die Geschichte beginnt. Denn es kommt darauf an, was man unter einem Kunststoff versteht – man kann ihn als Errungenschaft unserer modernen Welt betrachten. Man kann aber auch viel früher beginnen.

Die Geschichte könnte im 15. Jahrhundert ihren Anfang nehmen, zur Zeit des Seefahrers Christoph Kolumbus, den manche Menschen später als den Entdecker Amerikas feiern werden. Sie könnte im 18. Jahrhundert beginnen, als ein französischer Chemiker begann, kleine Rohre aus Kautschuk herzustellen. Im 19. Jahrhundert, als Charles Goodyear in seiner Wohnung experimentierte, oder auch im 20. Jahrhundert, als Unternehmen zum ersten Mal Kunststoffe in immer größeren Mengen verkauften. Wenn man den Begriff des Kunststoffs sehr weit fasst, nimmt die Geschichte ihren Anfang sogar bei den Neandertalern.

Die Menschen haben sich die Stoffe der Natur schon immer zu eigen gemacht. Die Neandertaler erhitzten Birkenrinden und klebten mit dem Pech ihre Werkzeuge aus Stein zusammen. In Lateinamerika formten die Menschen Bälle aus Kautschuk und Pflanzensaft; auf einer seiner Reisen in die Karibik beobachtete Christoph Kolumbus im 15. Jahrhundert, wie die Leute auf Haiti mit solchen Bällen spielten. Der Saft machte den Kautschuk elastisch, und der Ball klebte nicht mehr. Die Menschen hatten ein neues Material mit neuen Eigenschaften geschaffen, doch sie würden sich damit nicht zufriedengeben. Die Geschichte der Kunststoffe erzählt auch von dem, was die Menschen über Jahrhunderte hinweg antreibt. Es ist die Neugier.

Ein französischer Forscher schickte zwei Jahrhunderte nach den Reisen von Kolumbus Kautschuk aus Ecuador nach Hause und beschrieb in seinen Briefen, wie die Einheimischen aus dem Material Gefäße formten, um Flüssiges zu transportieren. Einige Jahre später begannen Chemiker in Frankreich, aus ebendiesem Kautschuk kleine Rohre herzustellen, indem sie das Material auf einen Zylinder aus Wachs strichen und es in heißem Wasser wieder herausschmolzen. Die Menschen verwendeten nicht nur Kautschuk, sondern zum Beispiel auch Gelatine, um Holz zu leimen, oder Milcheiweiß, um kleine Büsten zu fertigen. Sie entwickelten neue und, wenn man so will, künstliche Stoffe, deren Chemie sie allerdings noch nicht verstanden.

Wer den einen Erfinder *des* Kunststoffes sucht, der wird ihn nicht finden. Verschiedene Menschen haben über die Jahre verschiedene Stoffe entwickelt, manchmal durch Zufall und manchmal durch jahrelange Experimente – so wie Charles Goodyear. Der Mann in dem kleinen Zimmer in New York, im vierten Stock. Er war ein Eisenwarenhändler aus Philadelphia und hoffte, mit Kautschuk endlich viel Geld zu verdienen. Ein Freund hatte ihm das Zimmer überlassen, doch es sollte Jahre dauern, bis Charles Goodyear im Jahr 1839 auf die Idee mit dem Schwefel kam – oder die Idee mit dem Schwefel zu ihm, das weiß man nicht genau. Ein Tropfen eines Gemischs aus Schwefel und Kautschuk soll angeblich auf eine heiße Herdplatte gefallen sein. Der Kautschuk wurde in der Hitze dann zu einem festen und gleichzeitig elastischen Material, einem harten Gummi. Es war die erste sogenannte Vulkanisation. Charles Goodyear soll immer bestritten haben, dass dies nur ein Zufall war, trotzdem erzählt man sich die Geschichte bis heute. Unabhängig davon, ob die Vulkanisation nun seine Idee war oder nicht, versuchte Goodyear damals, die Erfindung zu Geld zu machen, und ließ sich das Verfahren patentieren. Er begann, Lizenzen an Firmen zu verkaufen, die aus dem neuen Gummi Schuhe herstellten. In einem Jahr seien zwar mehr als eine Million Paar gefertigt worden, schreibt Dietrich Braun in seiner *Kleinen Geschichte der Kunststoffe*, das Material aber habe immer noch nicht den Ansprüchen genügt: Die Schuhe wurden noch immer zu weich, wenn es draußen warm wurde, und zu hart, sobald es kalt wurde.

Es gelang dem Eisenwarenhändler nicht, mit seinem Gummi über lange Zeit Erfolg zu haben, immer wieder konnte er Rechnungen nicht zahlen. Kurz vor seinem 60. Geburtstag starb Charles Goodyear hochverschuldet, sein Name aber ist bis heute mit dem Gummi verbunden. Ein großer amerikanischer Reifenhersteller hat sich nach ihm benannt, auch wenn die Goodyear Tire & Rubber Company bis auf den Namen nichts mit dem Erfinder gemein hat. Andere Forscher werden mit Kunststoff schon bald mehr Geld machen als der Mann aus Philadelphia, denn das Verlangen nach einem neuen Material wird immer größer.

Die Städte verändern sich. Es werden jetzt Fabriken hochgezogen, mit Dampfmaschinen und mit Webstühlen, an denen Menschen sitzen, die zuvor auf dem Acker arbeiteten. Die Industrie entsteht, und mit ihr verändern sich die Hierarchien in der Gesellschaft. Über den Status entscheidet von nun an nicht mehr ausschließlich die Herkunft, sondern auch der Beruf. Die Industrialisierung bringt im 19. Jahrhundert eine neue Schicht hervor, das Bürgertum, und immer mehr Menschen wollen sich so schmücken, wie es zuvor dem Adel vorbehalten war – mit Broschen und mit Kämmen zum Beispiel. Naturmaterialien wie Horn oder Elfenbein sind so selten wie teuer, und deshalb beginnt die Suche nach Alternativen.

Aus den Stoßzähnen der Elefanten werden zu dieser Zeit zudem nicht nur Schmuckstücke gefertigt, sondern auch Billardkugeln, und die Nachfrage wird Ende des 19. Jahrhunderts immer größer. Die Menschen in Europa und in den USA haben das Spiel mit dem Queue für sich entdeckt, die Unternehmer verstehen schnell, dass sie längst nicht so viel Elfenbein besorgen können, wie sich Kugeln verkaufen ließen. Im Jahr 1863 schaltet die New Yorker Firma Phelan & Collender dann eine Annonce, in der sie demjenigen zehntausend Dollar verspricht, der eine Alternative zum Elfenbein findet. Die Annonce liest ein Mann namens John Wesley Hyatt.

Der Mann ist Drucker im Bundesstaat New York, doch experimentiert lieber, als dass er Buchstaben setzt. In einer Hütte hinter seinem Haus beginnt er, nach einem neuen Material zu suchen, presst Kugeln aus Stoffresten zusammen und überzieht sie mit Schellack sowie Elfenbeinstaub. Auch bei ihm wird es viele Jahre dauern, bis er ein brauchbares Material entdeckt, und zwar aus Zellulosenitrat und Kampfer, also aus Zelluloid. Die ersten Kugeln werden beim Zusammenstoß noch eine kleine Explosion auslösen. Ein Besitzer eines Saloons in Colorado soll einmal gesagt haben: »Jedes Mal, wenn die Kugeln beim Billard zusammenstoßen, ziehen alle Männer im Raum den Revolver.«

Mit seinen Kugeln wird Hyatt den Wettbewerb nicht gewinnen, und auch einen Rechtsstreit darum viele Jahre später wird er verlieren. Nach einigem Hin und Her wird das Gericht dem Engländer Alexander Parkes bestätigen, dass er der Erfinder des Zelluloids gewesen sei, doch John Wesley Hyatt wird trotzdem Erfolg haben. Er wird sein eigenes Unternehmen gründen, die Celluloid Manufacturing Company. Er wird unter anderem Kämme, Messergriffe und Brillengestelle verkaufen, die sich von nun an immer mehr Menschen leisten können.

Eine der Billardkugeln von Hyatt befindet sich heute in der Sammlung des Amerikanischen Nationalmuseums in Washington D. C. Die Kugel steht auf einem kleinen Sockel aus Nussbaumholz, und auf der Plakette ist zu lesen: »Hergestellt 1868 aus Cellulosenitrat, Zelluloid. Das Jahr, in dem John Wesley Hyatt das erste Kunststoffharz entdeckte.« Die Worte zeigen, dass es nicht unbedingt darauf ankommt, wer als Erster eine kluge Idee hatte, sondern manchmal auch nur darauf, wer sich am besten vermarkten kann – und wer am Ende die Geschichte schreibt.

Um zu verstehen, warum die Forscher nach Hyatts Pionierarbeit nun einen großen Schritt nach vorne machen, müssen wir uns die Kunststoffe für einen Moment genauer ansehen. Schon im Chemieunterricht lernt man, dass Kunststoffe aus Polymeren bestehen, ein Wort, das aus dem Griechischen kommt und ›viele Teile‹ bedeutet. Ein Polymer ist ein großes Molekül, das wiederum aus einer Kette vieler einzelner Moleküle besteht, den sogenannten Monomeren. Der Begriff kommt ebenfalls aus dem Griechischen und bedeutet ›einzelnes Teil‹. Wie die Teile miteinander verbunden sind, entscheidet über die Eigenschaften eines Kunststoffs. Sind sie stark miteinander vernetzt, ist der Kunststoff eher starr; sind die Ketten dagegen lose verbunden, ist er eher biegsam.

Die Menschen haben Polymere nicht erfunden, sondern sie kommen schon immer in der Natur vor. Die Zellulose in den Zellwänden von Pflanzen zum Beispiel ist ein Polymer, genau wie das Kollagen in unserer Haut und in unseren Knochen. Man unterscheidet daher zwischen natürlichen Polymeren und synthetischen Polymeren, die es nicht gab, bevor die Menschen begannen, sie herzustellen. Ein Gummi aus Kautschuk wie von Charles Goodyear oder ein Harz aus Zellulosenitrat wie von John Wesley Hyatt nennt man halbsynthetische Kunststoffe, weil sie auf Stoffen aus der Natur basieren. Anfang des 20. Jahrhunderts entdeckt ein Mann den ersten sogenannten vollsynthetischen Kunststoff. Es wird der Stoff der Moderne werden.

Die 1868 von John Wesley Hyatt produzierte Billardkugel ist heute ein Museumsstück.

Auf den Straßen fahren jetzt immer mehr Autos, immer mehr Laternen leuchten die Wege aus. Die Menschen fotografieren und telegrafieren, zwischen dem amerikanischen und dem europäischen Kontinent werden Kabel verlegt. In dieser Zeit forscht ein Mann namens Leo Hendrik Baekeland im Bundesstaat New York an einem neuen Material. Der Chemiker aus Belgien sieht voraus, dass die Firmen für die neue Elektronik auch einen neuen Stoff brauchen werden, der die Leitungen besser isoliert als die bisherigen Naturharze. Er stößt auf einen Stoff aus Phenol und Formaldehyd. Schon Jahre zuvor haben Chemiker daran geforscht, doch ein späterer Nobelpreisträger der Chemie, Adolf von Baeyer, hat das Material noch mit den Worten »nur ein Harz« abgetan. Baekeland dagegen ist der erste, der dessen Bedeutung versteht. Der Chemiker ist sich sicher, dass sein Kunststoff alles bieten kann, was die Unternehmen brauchen werden: Er ist in großen Mengen herzustellen, lässt sich formen, besteht gegen Hitze, und vor allem isoliert er elektrischen Strom.

Im Jahr 1909 verkauft Baekeland seine ersten Lizenzen, und nun wenden wir uns für einen Moment von den Vereinigten Staaten ab und blicken nach Europa – nach Deutschland, in den Südosten von Berlin. Dort entsteht die erste Fabrik für Bakelit, das nach seinem Erfinder Baekeland benannt ist. »Es ist unverbrennbar, lässt sich [...] drehen, bohren, fräsen und auch gut in Pressformen herstellen«, heißt es damals in einem Gutachten aus einem Kabelwerk von Siemens über das neue Material. Ein Jahr später gründet Baekeland zuhause in Yonkers, im Bundesstaat New York, die General Bakelite Corporation. Es wird nicht die einzige bleiben, in den folgenden Jahren werden immer mehr Fabriken für Bakelit gebaut.

Der Erste Weltkrieg wird zum Erfolg des Kunststoffs beitragen, das Militär wird auf beiden Seiten der Front zu einem der größten Abnehmer werden, und nach und nach zieht das Bakelit auch in die Wohnungen der Menschen ein. Es werden Steckdosen und Füllfederhalter aus dem Stoff verkauft, Telefone und Rasierpinsel, Knöpfe und Radios. Das Material ist billig, der Volksempfänger zum Beispiel, mit dem die Nationalsozialisten ihre Propaganda in die Wohnzimmer senden, kostet nur 76 Reichsmark. Die ersten hunderttausend Exemplare sollen nach acht Stunden ausverkauft gewesen sein. In dieser Zeit wird Bakelit zu einem Synonym für Kunststoff, wie wir heute von Plastik sprechen, sprach man damals von Bakelit. Doch schon bald werden noch mehr neue Kunststoffe auf den Markt kommen.

Das hat nicht nur mit dem Krieg zu tun, in dem man dringend billiges Material braucht, sondern auch mit einem Mann namens Hermann Staudinger. Er erforscht den Aufbau der Kunststoffe und stellt im Jahr 1922 die Theorie der Makromoleküle auf. Hermann Staudinger benennt zum ersten Mal, dass ein Stoff wie Kautschuk aus großen Molekülen besteht, die wiederum aus einer Kette vieler kleiner Moleküle bestehen. Wir lernen das heute in der Schule, doch damals war die Theorie stark umstritten. Ihre Kritiker nämlich waren davon überzeugt, dass die Moleküle untereinander nicht vernetzt seien, doch Staudinger wird in vielen Versuchen nachweisen, dass er

Das erste Telefon aus Bakelit von 1931

Recht hat. Es ist der Beginn der Polymerchemie und damit auch der Beginn einer neuen Zeit. Die Menschen kennen von nun an das Innerste der Kunststoffe und werden anhand dieses Bauplans immer neue Materialien entwickeln können. Während des Zweiten Weltkrieges wird Deutschland nach den USA der bedeutendste Produzent von Kunststoffen werden – und während die Fabriken Plastik in großen Mengen herstellen, verändert sich auch, wie die Menschen die Kunststoffe wahrnehmen.

Das Plastik wird zum Antrieb eines neuen Konsums. Immer mehr Menschen werden sich nicht nur immer mehr leisten können, sie werden ihren Besitz auch immer schneller austauschen, Kleider und Elektronik und Möbel. Die Kunststoffe waren zu Beginn ein Ersatz für Materialien aus der Natur, für Kork oder für Wachs, für Metall oder für Leder, im besten Fall sollte niemand den Kunststoff erkennen. Doch jetzt beginnen die Menschen, das Plastik als solches zu schätzen, und die Designer setzen das Material in Szene. Unter den ersten sind Ray Eames und ihr Mann Charles Eames in den USA, deren Stühle noch heute berühmt sind. *The most of the best to the greatest number of people for the least* ist das Ziel des Ehepaares – das Beste für möglichst viele Menschen zu einem möglichst kleinen Preis in einer großen Menge herzustellen. Erst Plastik macht das möglich.

Die Designer haben schon Stühle aus Aluminium oder aus Sperrholz entworfen, aber Ende der 1940 Jahre verwenden sie zum ersten Mal fiberglasverstärktes Polyesterharz. Es werden die ersten Plastikstühle der Welt sein, die in Serie produziert werden. Die Eames Chairs werden sich millionenfach verkaufen, sie werden nie wirklich aus der Mode kommen und seit ein paar Jahren sind sie sogar so präsent wie kein anderer Designerstuhl. Sie stehen in Wohnzimmern auf der ganzen Welt, in verschiedenen Farben und in verschiedenen Formen. Die Stühle sind leicht, robust und in großen Mengen herzustellen. Die Eames Chairs vereinen damit viele der Eigenschaften in sich, die bis heute den Erfolg von Plastik ausmachen.

Der Designer Philippe Starck wird Anfang der Jahrtausendwende für die italienische Firma Kartell wiederum einen Stuhl entwerfen, den der Chef des Unternehmens als wichtigsten Stuhl der vergangenen 20 Jahre bezeichnen wird – wobei er ein Interesse daran hat, das zu sagen. Doch auch dieser Stuhl wird zu einem der am meisten verkauften Designerstühle der Welt werden. Der sogenannte Louis Ghost Chair besteht aus Polycarbonat und wirkt so leicht wie ein Luftkissen, trägt aber das Gewicht eines Menschen. Der durchsichtige Stuhl ist eines von vielen Beispielen dafür, was Kunststoff im Design möglich macht. Das Plastik wird zu einem Material der Träume. In den 1970er Jahren zum Beispiel baut der Architekt Verner Panton auf der Möbelmesse in Köln gigantische Wohnlandschaften aus Plastik, dunklen Höhlen ähnlich. Zu dieser Zeit lösen die Kunststoffe geradezu Allmachtsfantasien aus, sagt Stefan Schweiger vom Kulturwissenschaftlichen Institut in Essen. In den 1960er Jahren stellten sich die Menschen ihm zufolge vor, dass sie einen Kunststoffhimmel über die Städte spannen werden, um immer angenehme Temperaturen zu haben. Sie wollten sogar Hamstern Plastikkiemen einsetzen, um zu testen, ob man damit unter Wasser atmen könnte. Sie diskutierten, ob man eine Wüste mit Schaumstoff auslegen könnte, um dort Wasser zu speichern und Pflanzen anzubauen.

Die Menschen hofften also, mit dem Plastik die Gesetze der Natur zu überwinden. Sie sehen vor allem die Vorteile der

Der berühmte Eames Chair von Vitra aus Kunststoff, ca. 1950 hergestellt

Kunststoffe, und erst Ende der 1970er Jahre wird sich das langsam ändern, mit der Umweltbewegung und den Anti-Atom-
kraft-Aufklebern. Auch dann aber wird es nur eine Minderheit
sein, die Kritik am Plastik übt. Die Mehrheit hat das Material

lieben gelernt. Würde ein Psychologe die Beziehung zwischen den Menschen und dem Plastik nach dem Zweiten Weltkrieg analysieren, würde er wahrscheinlich von einer abhängigen Beziehung sprechen: Die Menschen wollen nicht mehr auf die Kunststoffe verzichten und wären dazu auch nicht mehr in der Lage.

In den 1990er Jahren wird dann die Suche nach Alternativen beginnen, denn den Menschen wird nach und nach bewusst, dass Plastik nicht nur Gutes mit sich bringt. Den Stoff, von dem sie dachten, sie könnten mit ihm alles ersetzen, den wollen die Menschen nun selbst ersetzen. Doch auch heute, viele Jahre später, ist man noch weit davon entfernt, eine Alternative gefunden zu haben; man muss sich nur einmal ansehen, wie viel Plastik auf der Welt produziert wird: Die Linie zeigt immer weiter nach oben.

In dem Film *Die Reifeprüfung* aus dem Jahr 1967 gibt es eine Szene, in der Dustin Hoffman alias Benjamin Braddock gerade im Haus seiner Eltern am Pool steht. Er hat seinen Abschluss gemacht, aus diesem Anlass findet die Party statt, und einer der Gäste will ihm einen Rat für die Zukunft geben. Der ältere Mann legt den Arm um Braddock und sagt: »Ich will nur ein Wort zu dir sagen. Nur ein Wort.« Dann hält er inne. »Plastik!« Braddock sieht ihn an, als wisse er nicht, was er mit diesem Hinweis anfangen solle, doch der Mann fährt unbeirrt fort: »Im Plastik liegt die Zukunft.« Das Publikum in den 1960er Jahren mag den Rat des Mannes belächelt haben, doch wahrscheinlich gilt er auch heute noch. Die Zeit des Plastiks ist noch lange nicht vorbei, aber wenn wir Glück haben, wird es in den nächsten Jahren immer besseres Plastik geben – und dann wird es hoffentlich einfacher sein, dass aus altem Plastik wieder neues wird.

Das kleine Lexikon der Kunststoffe

Polyethylenterephthalat (PET) – *Recyclingcode Nummer 1*
Besonders bekannt für Pfandflaschen. Wenn wir
uns im Supermarkt ein Mineralwasser kaufen, ist
die Flasche meistens aus PET hergestellt. Es gibt
Einwegflaschen und Mehrwegflaschen, wobei letztere nur
einen Marktanteil von um die zehn Prozent haben. Die
meisten Flaschen werden nur einmal benutzt, dann werden
sie zerkleinert, gewaschen und wieder eingeschmolzen –
das Material hat den Vorteil, dass es sehr oft wieder eingeschmolzen werden kann. Aus dem sogenannten Rezyklat
werden zum Beispiel Fleece-Pullover oder Schlafsäcke
hergestellt.

Polyethylen (PE)
Der Beliebteste. Einer der am meisten produzierten
Kunststoffe der Welt, zum ersten Mal in den 1930er Jahren
in Großbritannien hergestellt. Polyethylen kommt selbst
mit anderen Chemikalien bestens aus, der Stoff wird
deshalb gerne für Verpackungen verwendet – zum Beispiel
für Flaschen, in denen Nagellackentferner verkauft wird.
Zur Familie gehören mehrere Kunststoffe, die jeweils eine
andere Dichte haben:

Recyclingcode Nummer 2
Polyethylen hoher Dichte, auf Englisch *high den-*
sity (HDPE). Der Kunststoff ist sehr stabil, aus ihm
werden unter anderem Flaschen, aber auch Rohre
hergestellt.

Recyclingcode Nummer 4
Polyethylen niedriger Dichte, auf Englisch *low density* (PE-LD oder LDPE). Dieser Kunststoff ist besonders leicht, aus ihm werden unter anderem Folien und Tüten produziert.

(Kein Recyclingcode)
Lineares Polyethylen mit niedriger Dichte, auf Englisch *linear low density* (LLDPE). Der Kunststoff lässt sich noch besser dehnen als die anderen, er wird ebenfalls für Tüten und für Folien verwendet, aber auch für Deckel und Spielzeug.

Polyvinylchlorid (PVC) – *Recyclingcode Nummer 3*
Einer der ältesten. Der Kunststoff wurde zum ersten Mal in den 1920er Jahren in größeren Mengen produziert. Er ist leicht, stabil und vor allem vielseitig. Mit Hilfe von Weichmachern kann er jede Form annehmen, die man sich nur wünschen kann. Er kann zu einer Folie oder einem Gartenschlauch werden, aber auch zu einem Abflussrohr oder einer Schallplatte – daher stammt der Name »Vinyl«. Gerade wegen seiner Weichmacher ist der Kunststoff allerdings umstritten. Die Verbraucherzentrale zum Beispiel warnt davor, dass sich Substanzen leicht aus dem Kunststoff lösen können. (Siehe Kapitel »Die Gefahren« ab Seite 24)

Polypropylen (PP) – *Recyclingcode Nummer 5*
Bedeutend jünger als die anderen. Der Kunststoff wurde in den 1950er Jahren entwickelt. Dem Poly-

ethylen hoher Dichte ist er zwar recht ähnlich, er ist aber leichter, härter und deshalb auch weniger elastisch. Mit hohen Temperaturen hat der Stoff keine Probleme, aus ihm werden zum Beispiel viele der Boxen hergestellt, in denen man sich Essen mit nach Hause nimmt. Zudem ist Polypropylen biegsam, eine Zahnspangendose aus dem Material würde nicht zerbrechen, auch wenn man sie zum zehnmillionsten Mal öffnen würde. In Autos werden viele Teile aus Polypropylen verbaut und auch in Raumanzügen für Astronauten.

Polystyrol (PS) – *Recyclingcode Nummer 6*
Am bekanntesten in seiner geschäumten Form, als leichtes Styropor, mit dessen Hilfe Gläser beim Versenden nicht zerbrechen und unsere Köpfe nicht beim Fahrradfahren. Wissenschaftler entdeckten Polystyrol in den 1930er Jahren. Aus dem Material werden heute Einwegrasierer und Kleiderbügel hergestellt, außerdem viele Verpackungen. Zum Beispiel Joghurtbecher oder die Schalen, in denen frisches Fleisch im Supermarkt in der Kühltruhe liegt. Der Kunststoff wird auch für Dämmungen in Hauswänden benutzt und lange Zeit kam dabei eine Substanz namens Hexabromcyclododecan zum Einsatz, weshalb der Kunststoff in Verruf geriet. Die Chemikalie sollte den Kunststoff vor Flammen schützen, mittlerweile aber ist Hexabromcyclododecan innerhalb der Europäischen Union in fast allen Bereichen verboten.

Polyamid (PA) – *Recyclingcode Nummer 7*
(Der Code rechts steht in diesem Fall nicht
explizit für Polyamid, sondern allgemein für
andere Kunststoffe.)

Der versteckte Champion. Unter diesem Namen kennen ihn
nicht alle, unter seinem zweiten Namen aber wahrscheinlich schon: Nylon. Der erste Faden aus einer künstlichen
Faser wurde in den 1930er Jahren hergestellt, die ersten
sechs Millionen Paar Strümpfe sollen innerhalb von nur
vier Tagen ausverkauft gewesen sein. Der Stoff ähnelt
Seide, reißt aber nicht so schnell und ist vor allem nicht
so teuer. Aus Nylon werden neben Strümpfen auch Sport-
kleidung produziert, Regenjacken und Parkas. Außerdem
werden feste Formen von Polyamid unter anderem für die
Borsten von Zahnbürsten verwendet oder für die Rollen
von Skateboards.

Der Weg

Ein Laster nach dem anderen kippt aus, was vom Leben übrigbleibt, auf einem Hof im Osten von München. Dort liegen nun unter anderem ein alter Teppich und ein neuer Rucksack. Ein *Playboy*-Heft und eine Mahnung vom Sommer. Zwei Jacken, eine Brotdose, Dutzende Folien, Becher und ein Staubsauger. Die Laster bringen den Müll der Stadt. Vorne am Eingang stapelt sich das Glas, weiter hinten das Papier und auf dem Haufen mit dem Staubsauger liegt der Restmüll. Am Ende wird er verbrannt werden, wie das meiste Plastik in Deutschland.

Die Sache mit dem Müll ist kompliziert, er wird an verschiedenen Orten und in verschiedenen Behältern gesammelt. In einer Biotonne und in einer Papiertonne, im Glascontainer und auf dem Wertstoffhof, im Gelben Sack, der mancherorts auch eine Gelbe Tonne oder eine Wertstofftonne ist, und in der schwarzen Tonne. Für das Plastik sind vor allem die letzten beiden Behälter entscheidend, der gelbe und der schwarze. Wenn wir einen leeren Sahnebecher in die schwarze Tonne werfen, passiert mit ihm nicht mehr viel. Er wird verbrannt werden, der Restmüll wird meistens nicht noch einmal sortiert. Wenn wir den Sahnebecher dagegen in die Gelbe Tonne werfen, hat er zumindest eine Chance auf ein zweites Leben, und die sollten wir dem Plastik so oft wie möglich geben, wenn wir schon so viel davon verbrauchen. Denn noch immer wird viel zu wenig Kunststoff recycelt – in den kommenden Jahren könnte sich das aber verändern.

In Deutschland legt seit den 1990er Jahren das sogenannte Kreislaufwirtschaftsgesetz fest, was mit unserem Müll passieren soll. Das Ziel einer Kreislaufwirtschaft ist es, die Ressourcen zu schonen und die Umwelt sowie die Menschen zu schützen. Am interessantesten ist der Paragraph 6 des Gesetzes, in dem wir noch einmal daran erinnert werden, dass wir so wenig Müll produzieren sollten wie möglich:

§ 6 Abfallhierarchie

Maßnahmen der Vermeidung und der Abfallbewirtschaftung stehen in folgender Reihenfolge:

1. Vermeidung
2. Vorbereitung zur Wiederverwendung
3. Recycling
4. Sonstige Verwertung, insbesondere energetische Verwertung und Verfüllung
5. Beseitigung

(Quelle: *Kreislaufwirtschaftsgesetz*)

In diesem Paragraphen ist auch festgelegt, dass die Methode zu wählen ist, die am wenigsten Folgen für den Menschen und für die Umwelt hat. Die Folgen sind nicht immer leicht zu bemessen, zum Beispiel soll berücksichtigt werden, wie viele

Emissionen zu erwarten sind oder wie gut die Ressourcen geschont werden. Wenn Kunststoffe recycelt werden, verbraucht auch das Energie, aber es ließe sich zum Beispiel wertvolles Erdöl sparen: Die Chemikerinnen Jeannette Garcia und Megan Robertson haben einmal ausgerechnet, wie viel Erdöl man innerhalb eines Jahres bewahren könnte, wenn man den Plastikmüll auf der Welt wiederverwerten würde, anstatt die gleiche Menge neu zu produzieren. Sie kamen auf 556 Milliarden Liter Erdöl. Das wären mehr als 200 Milliarden Euro, abhängig vom Preis für Rohöl. Wenn man nur eine Million Tonnen Kunststoffe wiederverwerte, könne man zudem so viel CO_2 sparen, wie wenn man eine Million Autos von der Straße verbanne, schreibt die Europäische Kommission. Aus altem Plastik neues zu machen, wäre sicher nicht so umstritten wie Fahrverbote in den Innenstädten, und trotzdem sind wir noch weit davon entfernt, den Großteil unseres Plastiks wiederzuverwerten.

In Europa fallen in einem Jahr um die 25 Millionen Tonnen Plastikmüll an und nur etwa ein Drittel davon wird recycelt. Ein weiteres Drittel lagert auf Deponien und der Rest wird verbrannt. Auch in einem Land wie Deutschland, das früh begann, seinen Müll zu trennen, stehen wir längst nicht so gut da, wie das Klischee besagt und wie es uns die Statistiken vermitteln. In einem Jahr produzieren wir etwa sechs Millionen Tonnen Plastikmüll. Der Abfall kommt nicht nur aus unseren privaten Tonnen, sondern auch aus den Fabriken und aus den Werkstätten, aus den Geschäften und Restaurants. Wenn die Laster den Müll dann abholen, fahren sie zu einem großen Platz, auf dem man sehen kann, was diese Zahlen bedeuten.

Auf einem Gelände im Norden von München fährt ein Laster vor, die Türen öffnen sich. Für ein paar Sekunden rauscht ein Strom aus Plastik auf den Asphalt: Milchtüten, Käseverpackungen, Wasserflaschen, Sahnebecher, Tablettenblister, Einkaufstüten, Margarineschalen, Frischhaltefolien, Joghurtbecher, Spülmittelflaschen, Fruchtdrinks, Mozzarellatüten, Shampooflaschen und Dosen für Katzenfutter. Der Haufen birgt alle Verpackungen, die man sich nur vorstellen kann, und wenn man mitten drinsteht, versteht man vor allem eines: Wir produzieren viel zu viel Müll. Jede Woche. Jeden Tag.

Ein großer Kran taucht seinen Arm immer wieder in den Haufen und lässt den Müll in einen zweiten, noch größeren Lastwagen fallen. In den engen Straßen der Stadt hätte dieser Laster es schwer, doch er muss nur noch raus aus München, weiter zu einer Sortieranlage. Das ist die nächste Station für einen Sahnebecher, sofern man ihn nicht in den Restmüll wirft, sondern in einen Gelben Sack, eine Gelbe Tonne oder in eine sogenannte Wertstofftonne – die haben manche Städte anstatt einer Gelben Tonne aufgestellt. In der Sortieranlage wird sich zum ersten Mal entscheiden, ob der Müll, den wir in den Gelben Sack gegeben haben, auch wirklich recycelt werden kann.

Wenn man sich die Statistiken ansieht, könnte man meinen, dass wir in Deutschland schon alles richtig machen. In den Statistiken nämlich ist zu lesen, dass zuletzt mehr als 99 Prozent des Plastikmülls wiederverwertet worden seien. Die Zahlen geben verschiedene Industrieverbände alle zwei Jahre heraus und sie klingen genauso, wie man sich das deutsche Abfallsystem vorstellt. Sie klingen vorbildlich. Manches läuft hierzulande tatsächlich besser als in anderen Ländern, denn während in Italien, Frankreich oder Spanien noch immer viel Müll auf Deponien lagert, endet in Deutschland nur weniger als ein Prozent des Mülls dort. Die 99 Prozent aber führen in die Irre, weil sie den Anschein erwecken, dass aus fast allem unserem Plastik wieder Neues entstehe. Dabei bedeutet Müll

Was mit dem **Plastikmüll**
passiert

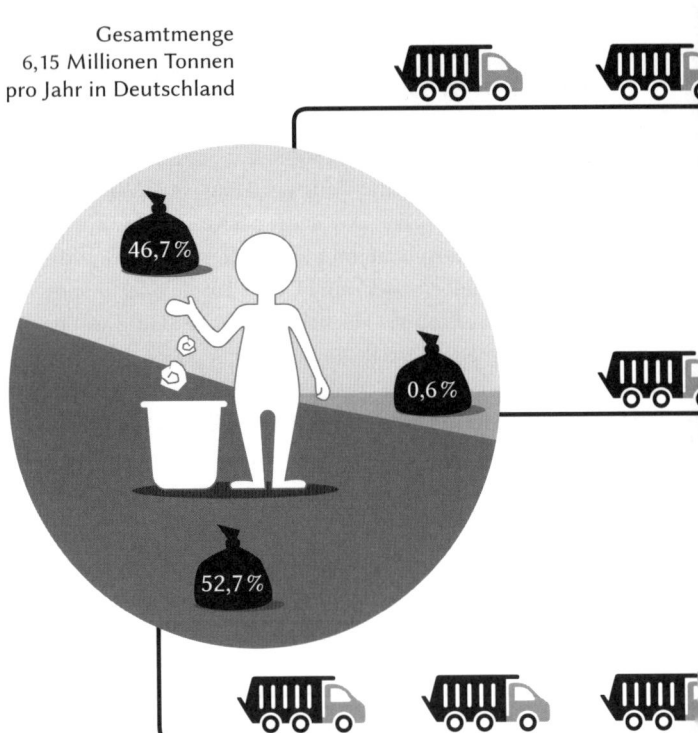

Gesamtmenge
6,15 Millionen Tonnen
pro Jahr in Deutschland

46,7 %

0,6 %

52,7 %

Quelle: Conversio Stoffstrombild 2017

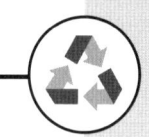

Von den 6,15 Millionen Tonnen Kunststoffabfällen wurden 2,87 Millionen Tonnen werk- und rohstofflich genutzt.

40 000 Tonnen wurden auf Deponien beseitigt.

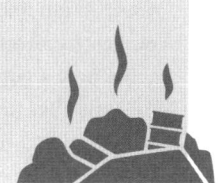

3,2 Millionen Tonnen wurden verbrannt.

2,14 Millionen Tonnen davon in Müllverbrennungsanlagen, 1,10 Millionen Tonnen ersetzten als Ersatzbrennstoff fossile Brennstoffe etwa in Zementwerken oder Kraftwerken.

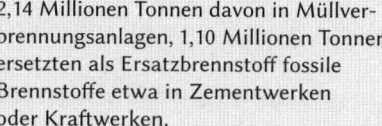

zu verwerten in dieser Rechnung auch, ihn zu verbrennen, um Energie zu gewinnen – und mehr als die Hälfte des Plastiks landet nach wie vor im Feuer.

Wenn Plastik verbrennt, wird zwar immerhin Energie gewonnen, Strom und Wärme entstehen. Zumindest in einem Heizkraftwerk, manchmal nutzt die Industrie den Kunststoff allerdings auch als Ersatzbrennstoff, etwa in Zementfabriken. In beiden Fällen ist der Kunststoff für immer verloren und mit ihm die Ressourcen, die verbraucht wurden, um ihn herzustellen. Es bleibt außerdem Müll zurück: Schlacken, die man immerhin noch in Straßen verbauen kann, aber auch giftige Aschen, die nur noch unter der Erde gelagert werden können. Eigentlich ist Plastik zu wertvoll, um es zu verbrennen. Nur manchmal leider auch zu komplex, um es zu recyceln.

Ein Rohstoff lässt sich immer dann gut wiederverwerten, wenn er ein reiner Stoff ist, wie Glas oder Papier. Das Glas wird eingeschmolzen und das Papier eingeweicht, aus alten Fasern wird neues gepresst. Die Verpackungen aus Plastik bestehen oftmals aber nicht nur aus einem, sondern aus verschiedenen Kunststoffen, und das macht es so kompliziert. Es gibt hunderte verschiedene Arten von Plastik mit hunderten verschiedenen Eigenschaften. Ein Scanner in einer Recyclinganlage müsste ein ›Superhirn‹ haben, um alle erkennen und sie voneinander trennen zu können. Ein Problem sind vor allem dunkle Kunststoffe, wie die schwarzen Schalen zum Beispiel, in denen man Sushi kaufen kann. Weil viele Scanner das dunkle Plastik nicht erkennen, bleibt oftmals nur noch die Möglichkeit, es zu verbrennen. Im Süden des Landes, in Baden-Württemberg, soll im Jahr 2020 eine Anlage in Betrieb gehen, die auch dunkle Kunststoffe sortieren kann. 45 000 Tonnen neues Plastik will man mit ihr einsparen, heißt es von Seiten des Bundesumweltministeriums. Wenn es in Zukunft mehr solcher modernen Anlagen geben soll, werden auch mehr Unternehmen altes Plastik kaufen müssen – momentan macht die Nachfrage in Europa gerade einmal um die sechs Prozent aus. Wie dem Altpapier sieht man dem Kunststoff seine Vorgeschichte an, und während man sich beim Papier schon lange an das andere Aussehen gewöhnt hat, fürchten Unternehmen noch immer, dass Kunden altes Plastik im Laden ablehnen könnten.

Daran sieht man, dass wir das Problem mit dem Plastikmüll alleine nicht lösen können, auch wenn wir unseren Müll noch so vorbildlich trennen. Die Wirtschaft muss sich darum kümmern, die Politik muss die richtigen Anreize setzen, und das Recycling von Kunststoffen muss besser erforscht werden. Es braucht moderne Anlagen und ein kluges Design von Produkten, das Recycling einfacher macht. In der Zwischenzeit aber sollten wir uns nicht zurücklehnen und darauf warten, dass alles besser wird, sondern mindestens versuchen, so viel Müll wie möglich in die richtige Tonne zu werfen, damit das Plastik eine Chance hat, wiederverwertet zu werden – und von nun an einen längeren Weg vor sich hat.

Die Laster fahren den Müll vom Umschlagplatz zu einer Sortieranlage. Dort werden die Säcke aufgerissen und die Kunststoffe, so gut es geht, maschinell voneinander getrennt. Auf langen Förderbändern rattern sie von Station zu Station. Der künstliche Wind bläst die leichten Teile zusammen, Magneten ziehen Blech und Eisen aus dem Müll, und ein Scanner erkennt mittels Infrarotlicht, welcher Kunststoff gerade auf dem Band liegt – mit Hilfe von Luftstößen werden die Kunststoffe, die zusammengehören, dann auch zusammengebracht. Für eine Flasche bedeutet das zum Beispiel, dass die Maschinen nun den Deckel und die Flasche voneinander trennen.

Kaum eine Sortieranlage in Deutschland allerdings gleicht der anderen, sie ordnen nicht alle die gleichen Kunststoffe. In manchen Anlagen unterscheiden die Scanner zwischen sieben oder acht Kunststoffen, dem Umweltbundesamt zufolge können manche aber auch nur in vier Gruppen einteilen:

1. Polypropylen, kurz PP
2. Polyethylen, kurz PE
3. Polystyrol, kurz PS
4. Polyethylenterephthalat, kurz PET

Aus PET zum Beispiel bestehen viele unserer Getränkeflaschen, die Deckel aber sind oftmals aus Polyethylen. Die Maschinen müssen diese beiden Stoffe voneinander trennen, damit das Plastik eine Zukunft hat. In diesem Fall funktioniert das bestens, weil die Stoffe eine unterschiedliche Dichte haben – wenn man sie ins Wasser gibt, sinkt das PET ab, das Polyethylen hingegen schwimmt oben. Doch einen reinen Kunststoff zu bekommen, ist nicht immer so leicht. Es wird sogar immer schwerer, weil die Industrie viel Geld in immer neue Verpackungen investiert, zum Beispiel in hauchdünne Folien aus mehreren Schichten und aus mehreren Kunststoffen. Diese neuen Verpackungen haben ihre Vorteile. Sie sind leicht und sparen Energie beim Transport, doch die Sortieranlagen können die Schichten am Ende nicht mehr voneinander trennen. Das Plastik aus der Gelben Tonne nimmt dann den gleichen Weg wie das Plastik aus der schwarzen Tonne und wird verbrannt. Fragt man in einer Sortieranlage in der Nähe von München nach, erfährt man, dass dort nur 38 bis 40 Prozent des Plastiks weiter zu einer Recyclinganlage gehen. Der Rest komme ins Heizkraftwerk.

Der Weg des Plastiks

Gelber Sack oder Gelbe Tonne oder Wertstofftonne
➤ Sortieranlage ➤ verschiedene Arten von Kunststoffen
ODER Restmüll

Wenn Restmüll ➤ Müllverbrennungsanlage, um Strom
oder Wärme zu gewinnen ODER Ersatzbrennstoff,
zum Beispiel in der Zementindustrie

Wenn Kunststoff ➤ in Recyclinganlage:
➤ aus Polypropylen werden zum Beispiel Blumenkübel
oder Wäschekörbe
➤ aus Polyethylen werden zum Beispiel Rohre oder
Kanister oder Müllsäcke
➤ aus Polystyrol werden zum Beispiel Kisten oder
Kleiderbügel
➤ aus PET werden zum Beispiel Schlafsäcke, Pullover
oder Flaschen

Die Zahlen aus der Sortieranlage in der Nähe von München passen gut zu den Statistiken, denen zufolge wir in Deutschland weniger als die Hälfte unseres Plastiks recyceln. In Wahrheit ist es wahrscheinlich sogar noch einmal weniger. Für die Statistik wird bislang mit all dem Müll gerechnet, der in einer Recyclinganlage ankommt. Erst dort aber wird genauer sortiert, was nicht mehr verwendet werden kann, und erst dort wird der Müll gewaschen, zum Beispiel das restliche Ketchup aus einer Flasche gespült. Die Reste werden also mit in die Statistik eingerechnet, wie im Übrigen auch alles Plastik, das zum

Recycling ins Ausland verkauft wird. Die Containerschiffe aus China, die Kleider oder Maschinen nach Europa brachten, fuhren lange Zeit mit unserem Müll zurück. Für die Unternehmen war das ein gutes Geschäft, die Container mussten ohnehin wieder zurückgebracht werden, also verkauften sie Europas Müll weiter.

Die Volksrepublik kaufte zuletzt so viel altes Plastik an wie kein anderes Land auf der Welt. Im Jahr 2016 zum Beispiel waren es sieben Millionen Tonnen aus 43 Ländern; allein aus Deutschland kam etwa eine halbe Million Tonnen, vor allem Müll aus der Industrie. Im Frühjahr 2018 verbot die Regierung dann viele der Müllimporte, zum Beispiel unsortiertes Altpapier, metallische Schlacken und auch das meiste Plastik von schlechter Qualität. Genau das Plastik also, das die meisten Länder loswerden wollten. China will den Müll aus Europa nicht mehr und braucht ihn auch nicht mehr, denn das Land baut gerade ein eigenes System zum Recycling auf. Die Regierung investiert Milliarden in neue Anlagen, und alle Bürgerinnen und Bürger müssen mittlerweile ihren Müll trennen.

Als China seine Grenzen für unsortiertes Plastik schloss, war das für Deutschland in etwa so, als hätte die Müllabfuhr den Menschen ihre Säcke wieder vor die Türe gelegt und gesagt: »Schaut selbst, wie ihr zurechtkommt!« Deutsche Zeitungen titelten nach Bekanntwerden des Verbots unter anderem mit Überschriften wie:

- ◆ »Was tun mit unserem Müll, den China nicht mehr nimmt?« (*Die Welt*)
- ◆ »Die Weltmüllkippe schließt« (*Die Zeit*) oder
- ◆ »Deutschland versinkt im Plastikmüll« (*Frankfurter Allgemeine Zeitung*)

Deutschland aber versank nicht im Plastikmüll und wird auch in Zukunft nicht darin versinken. Wenn die Volksrepublik ein eigenes System zum Recycling aufbaut, stellt das auf den ersten Blick zwar viele Nationen vor neue Probleme, auch Deutschland. Auf den zweiten Blick aber hilft es der Weltgemeinschaft, wenn ein Staat wie China, in dem so viele Menschen leben wie nirgendwo sonst, mehr Müll wiederverwertet und weniger Plastik ins Meer spült. Das Verbot kann eine große Chance sein.

Beim Bundesverband für Sekundärrohstoffe und Recycling zum Beispiel hofft man, dass Unternehmen in Deutschland in den nächsten Jahren einen größeren Anreiz haben werden, in neue Technik zu investieren. Wenn China uns den Müll nicht mehr abnimmt, müssen wir uns wieder selbst darum kümmern, und deutsche Recyclingfirmen freuen sich sogar darüber. Seit die Volksrepublik das Plastik nicht mehr kauft, bekommen sie am Markt mehr Müll zu einem niedrigeren Preis. Zumindest in den nächsten Jahren könnte China auch noch ein guter Kunde sein, denn das Land wird noch eine Weile Plastik aus dem Ausland zukaufen müssen, um seine Anlagen am Laufen zu halten. Dann aber ist besseres und bereits verarbeitetes Plastik gefragt, sogenannte Granulate – in dieser Form wird sowohl altes als auch neues Plastik gehandelt.

Das Verbot Chinas könnte viel verändern, zumindest, wenn die Firmen ihren Müll nun nicht einfach in andere Länder verschiffen. Momentan sieht es nur leider danach aus. Der Müll, der vorher nach China kam, werde nun vor allem in Thailand, Vietnam oder Malaysia abgeladen, schreiben Wissenschaftlerinnen von der University of Georgia in einer Studie. Das alte Plastik werde dort zu Granulaten verarbeitet, die wiederum nach China verkauft würden, in Malaysia landet mancher Müll allerdings auch auf illegalen Deponien, berichteten deutsche Medien zuletzt. Die Volksrepublik hat die dreckigste Arbeit in andere Staaten ausgelagert, doch auch dort verändert sich die Stimmung; in manchen Nationen denkt man bereits über ein Verbot von Importen nach. Indien zum Beispiel hat Anfang des Jahres 2019 nachgezogen, wegen der neuen Politik Chinas war dort viel mehr Plastikmüll angekommen als zuvor. Das Land habe nicht die Kapazitäten so viel Müll zu recyceln, hieß es damals von Seiten des indischen Umweltministeriums.

Es könnte für Deutschland in Zukunft also immer schwerer werden, seinen Müll im Ausland abzuladen. Im Gegenzug wird es womöglich immer einfacher, Plastik innerhalb des eigenen Landes wiederzuverwerten. Im besten Fall werden Produkte aus altem Plastik irgendwann nichts Besonderes mehr sein, Altplastik wird dann so üblich sein wie Altglas oder Altpapier. Schon heute verkaufen große Unternehmen wie Adidas Turnschuhe aus recyceltem Plastik oder Ikea Küchenfronten aus alten PET-Flaschen, doch das ist noch immer die Ausnahme – was man unter anderem daran erkennt, wie stark die Produkte beworben werden.

Ein großes Problem ist, dass aus viel altem Plastik kein Produkt mehr von gleichem Wert wird, aus dem meisten Plastik werden höchstens noch Blumenkübel oder Lärmschutzwände. Denn mit Kunststoffen verhält es sich anders als mit Glas: Wenn man Kunststoffe einschmilzt, wird die Qualität häufig von Mal zu Mal schlechter, und aus einem alten Joghurtbecher wird erst recht kein neuer mehr werden. Für Verpackungen von Lebensmitteln gelten nämlich strenge Vorschriften, die uns vor Chemikalien im Essen schützen sollen. Ein Verfahren zum Recycling muss die Europäische Behörde für Lebensmittelsicherheit immer erst überprüfen, und das ist relativ

Wo das recycelte Plastik verwendet wird

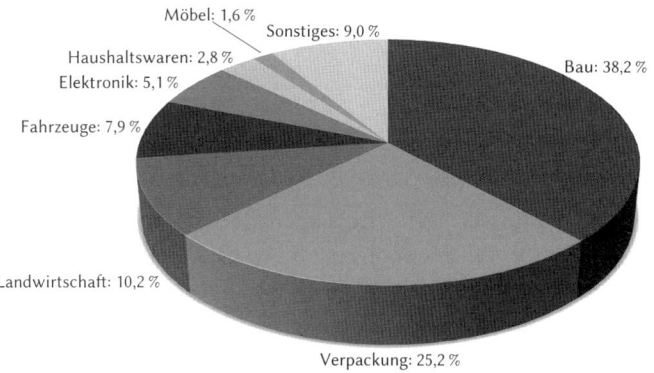

Quelle: *Bundesverband Sekundärstoffe und Entsorgung*

aufwendig. Der Hersteller von Tetrapak zum Beispiel gab einmal in einem Interview an, dass es noch keine recycelten Kunststoffe gebe, die er für seine Getränkekartons verwenden könnte, selbst wenn er wollte. In den nächsten Jahren könnte sich das ändern, bald könnte die Europäische Union immer mehr Verfahren genehmigen, um Kunststoffe wiederzuverwerten, die dann auch mit Lebensmitteln in Kontakt kommen dürfen.

Das Plastik muss allerdings erst einmal gesammelt werden, damit es eine Chance auf ein zweites Leben hat, und derzeit werden auf der Welt nur 14 Prozent aller Verpackungen aus Kunststoff eingesammelt, heißt es in einer Studie der Ellen MacArthur Foundation. Das ist eine Stiftung aus Großbritannien, die sich für eine Kreislaufwirtschaft einsetzt. Auf diese Stiftung geht auch der Vergleich zurück, dass 2050 mehr

Kunststoffe in den Ozeanen schwimmen würden als Fische. Kaum eine Debatte um den Müll in den Meeren kommt heute ohne den Vergleich aus, auch Frans Timmermans von der Europäischen Kommission zitierte die Studie, als er zu Beginn des Jahres 2018 seine Strategie gegen Plastikmüll vorstellte.

Die Gründerin der Stiftung, Ellen MacArthur, kennt die Meere ziemlich gut. Im Jahr 2005 segelte sie alleine einmal um die Erde, so schnell wie niemand zuvor: in 71 Tagen, 14 Stunden, 18 Minuten und 33 Sekunden. Sie verbrachte die meiste Zeit im Inneren des Bootes, während es draußen stürmte, ernährte sich von gefiltertem Salzwasser und eingekochten Linsen. Die Koje war anderthalb Meter hoch und zwei Meter breit, und trotzdem vermisste Ellen MacArthur kaum etwas, wie sie später erzählte. Als sie von ihrer Reise zurückkehrte, begannen die Zeitungen über sie zu schreiben und die Fernsehsender um Interviews zu bitten, doch gerade dann hörte die Seglerin mit dem Sport auf.

Ellen MacArthur beschloss ihre Bekanntheit zu nutzen, um sich für ein anderes Wirtschaften einzusetzen, und gründete ein paar Jahre später eine Stiftung zur Förderung einer Kreislaufwirtschaft. Heute arbeiten dort um die 100 Leute. Die Seglerin hat große Industriefirmen als Partner gewonnen, Konzerne wie Unilever, Google, Danone, Renault und Philips. Die Konzerne hätten doch auch ein Interesse daran, etwas gegen das Plastik im Meer zu tun, sagt Ellen MacArthur. Welches Unternehmen wolle sein Logo schon in den Wellen treiben sehen?

Sie setzt auf Zusammenarbeit, und die Strategie scheint teilweise aufzugehen. Der Konzern Unilever zumindest hat angekündigt, seine Verpackungen aus Plastik zu überarbeiten, auch wenn das sicher nicht nur mit der Partnerschaft zu tun hat. Schon in wenigen Jahren sollen alle Verpackungen entweder direkt wiederverwendet werden können, recycelbar sein oder zumindest kompostierbar – und wir sprechen von ungewöhnlich vielen Verpackungen. Das Unternehmen setzt in einem Jahr mehr als 50 Milliarden Euro um, unter anderem mit Markenprodukten, die wir aus dem Supermarkt kennen, zum Beispiel Eis von Ben&Jerry's, Knödel von Pfanni, Shampoo von Dove und Scheuermilch von Viss. Wenn ein so großes Unternehmen seine Verpackungen verändert, führt das im besten Falle zu einem Dominoeffekt, und auch andere Konzerne werden womöglich über ihre Verpackungen nachdenken.

In der Vergangenheit hatte die Industrie vor allem großes Interesse daran, möglichst attraktive Produkte aus möglichst innovativen Kunststoffen herzustellen. Die Frage, was am Ende aus dem Material wird, interessierte sie hingegen wenig. Am besten wäre es, wenn sich Designerinnen und Designer schon bei ihren Entwürfen überlegten, wie das Material einmal recycelt werden könnte. Doch die Frage ist für sie immer nur eine von vielen, das Material muss erst einmal seinen Zweck erfüllen, darf zum Beispiel nicht schmelzen, reißen oder brennen. Zuletzt waren immer mehr Meldungen ähnlich der von Unilever zu lesen, auch der Discounter Aldi zum Beispiel hat angekündigt, dass bis zum Jahr 2022 alle Verpackungen seiner Eigenmarken recycelbar sein sollen, und der Discounter Lidl hat sich das gleiche Ziel bis zum Jahr 2025 gesetzt. Die Firmen machen das nicht freiwillig, sondern der politische Druck wird größer: Zum einen, weil die Europäische Kommission in Brüssel vorgeschlagen hat, dass bis zum Jahr 2030 alle Verpackungen aus Plastik in allen Ländern der EU wiederverwendet oder recycelt werden sollen und in Deutschland mit dem neuen Verpackungsgesetz zudem Firmen belohnt

In Supermärkten wird auch viel verpackt, was nicht verpackt werden müsste.

werden sollen, die auf das Recycling achten. Zum anderen, weil den Unternehmen bewusst ist, dass viele Kundinnen und Kunden Wert darauf legen, wie Waren verpackt sind. Eine Umfrage der Unternehmensberatung PricewaterhouseCoopers kam zu dem Schluss, dass drei Viertel der Kunden mittlerweile darauf achten, im Supermarkt so wenige Verpackungen wie möglich zu kaufen. Auch in der Drogerie sind Waren oftmals aufwendig verpackt, um sie wertvoller erscheinen zu lassen. Fast ein Drittel aller Befragten aber würde ein Produkt aus ebendiesem Grund ablehnen, zumindest gaben die Leute das in der Umfrage an.

In den sozialen Netzwerken sind immer wieder Bilder von absurden Verpackungen zu sehen, von eingeschweißten Kartoffeln, Äpfeln oder Avocados zum Beispiel. Im Jahr 2018 verabredeten sich in einem kleinen Ort im Südwesten Englands ein paar Aktivisten sogar zum Protest: In einer Filiale des

Supermarktes Tesco packten sie hinter den Kassen alle Einkäufe aus und ließen die Wagen voller Verpackungen im Laden stehen. Das Video teilten viele Menschen im Internet, es gab danach auch in anderen Städten sogenannte *Plastic Attacks*, unter anderem in Brüssel und in Berlin. Der Sender CNN sprach sogar von einer globalen Bewegung. Auch wenn das übertrieben sein mag, nimmt das Bewusstsein für unnötige Verpackungen auf jeden Fall zu. Das hat auch damit zu tun, dass wir den vielen Verpackungen nicht entkommen können.

Sieht man sich das Plastik aus unseren Tonnen an, aus den privaten Haushalten in Deutschland, findet man vor allem Verpackungen. Sie machen den meisten Müll aus. Die Verpackungen verbrauchen zwar nur um die 30 Prozent der Kunststoffe, sind aber in etwa für um die 60 Prozent der Abfälle verantwortlich, eben weil wir sie so schnell wieder wegwerfen. In Deutschland schreibt das Gesetz vor, wie viele Verpackungen recycelt werden müssen und von Material zu Material sind die Regeln unterschiedlich: Während bisher mindestens 70 Prozent aller Verpackungen aus Glas oder Papier recycelt werden mussten, waren es bei den Kunststoffen lange Zeit nur 36 Prozent. Zuletzt wurde die Quote auf 58,5 Prozent angehoben, ab dem Jahr 2022 soll sie auf mindestens 63 Prozent steigen. Die Verpackungen zu verbrennen werde dabei explizit nicht als Recycling verstanden, schreibt das Bundesumweltministerium.

Die besseren Verpackungen könnten sich für die Firmen auch lohnen, denn das neue Verpackungsgesetz schreibt vor, dass ein Unternehmen weniger Gebühren für seine Verpackungen bezahlen soll, wenn diese gut zu recyceln sind. Um zu verstehen, warum Unternehmen überhaupt für ihre Verpackungen bezahlen, müssen wir für einen Moment in die Vergangenheit blicken.

Einkaufswagen voller Müll: Die Jugendorganisation des Naturschutz-
bundes protestierte in einem Berliner Supermarkt gegen die vielen
unnötigen Verpackungen. Die Demonstrantinnen und Demonstranten
füllten sich die Lebensmittel in eigene Gefäße ab – und ließen das Plastik
im Laden zurück.

In den 1990er Jahren standen in Deutschland zum ersten Mal die Gelben Säcke vor der Tür, neben den Mülltonnen. Damals trat die sogenannte Verpackungsverordnung in Kraft: Nachdem bislang nur die Städte und Gemeinden für den Müll verantwortlich gewesen waren, mussten sich die Unternehmen von nun an selbst um die Verpackungen kümmern, die sie in immer größeren Mengen produzierten. Neben dem Müllsystem der Kommunen entstand ein zweites, von den Unternehmen finanziertes: das sogenannte duale System.

Die Unternehmen zahlten Gebühren an eine Firma namens Duales System Deutschland GmbH, die im Gegenzug ihre Verpackungen einsammelte und sich um die Entsorgung kümmerte. Die Unternehmen wiederum schlugen die zusätzlichen Kosten auf ihre Produkte auf, so dass die Kunden an der Kasse mitbezahlten, dass die Verpackung irgendwann entsorgt wird – das Symbol dafür war damals der Grüne Punkt. Man sieht ihn auch heute noch, aber mittlerweile hat er an Bedeutung verloren, denn es kümmert sich nicht mehr nur ein Unternehmen um die Verpackungen, sondern um die zehn Anbieter. Sie heißen unter anderem Interseroh, Recycling Kontor Dual, Zentek oder Lidl. Der Discounter nämlich baut als erster Supermarkt gerade sein eigenes Duales System auf. Dass heute so viele Firmen beim Geschäft mit dem Müll mitmachen, fördert zwar den Wettbewerb, macht das System aber auch noch komplizierter, als es ohnehin ist.

Ein großes Problem war lange Zeit, dass nicht alle Unternehmen ihre Verpackungen anmeldeten, obwohl das Gesetz sie dazu verpflichtete. Sie drückten sich um die Gebühren. Das soll sich mit dem neuen Verpackungsgesetz ändern, das Anfang 2019 die bisherige Verpackungsverordnung abgelöst hat. Es gibt nun eine Liste im Internet, in der jede und jeder nach-

Was hinein darf —
—— und was nicht

Quelle: Der Grüne Punkt

sehen kann, welche Firma welche Verpackungen gemeldet hat. Die Konkurrenz werde sich mit dem Register gegenseitig überwachen, hofft man im Bundesumweltministerium. Wer sich nicht an die Regeln hält, muss Bußgelder in Höhe von bis zu 100 000 Euro bezahlen.

Das neue Verpackungsgesetz hätte sogar noch eine größere Veränderung mit sich bringen können, die viele von uns vor der Haustür bemerkt hätten. Eine neue orangefarbene Tonne, die sogenannte Wertstofftonne, hätte den gelben Sack oder die gelbe Tonne ablösen können – mit dem Vorteil, dass man nicht nur Verpackungen, sondern jegliches Plastik und auch Metalle hätte hineinwerfen dürfen. Am Ende kam die Wertstofftonne allerdings nicht verpflichtend ins Gesetz, sondern nur als freiwillige Option. Die Kommunen und die dualen Systeme sollen sich vor Ort einigen, welche Tonne sie aufstellen wollen. Das Umweltbundesamt fordert nach wie vor eine Wertstofftonne für alle, denn sie mache es den Menschen einfacher, ihren Müll zu trennen. Während man in eine Wertstofftonne alle Arten von Plastik hineinwerfen darf, kann man sich vor der Gelben Tonne tatsächlich nicht immer sicher sein, was hineindarf und was nicht. Wohin kommen zum Beispiel die Suppentüte und die Spraydose? Der Beutel aus Bioplastik? Die leeren Feuerzeuge und das Küchenradio? Die Zahnpastatube und die Zahnbürste? An den letzten beiden Dingen sieht man gut, wie unterschiedlich wir mit unserem Müll umzugehen haben: Die Tube muss in die gelbe Tonne. Die Bürste aber in die schwarze. Dabei sind beide aus Plastik.

Es gilt die Regel, dass alle Verpackungen in die gelbe Tonne kommen (Suppentüte, Spraydose und auch die Zahnpastatube), die anderen Kunststoffe aber in den Restmüll (leere Feuerzeuge, Zahnbürste) und manchmal auf den Wertstoffhof

(Küchenradio). Im Internet kann man sich Trennhilfen herunterladen, was zeigt, wie wenig intuitiv die Regeln sind. Manche Städte und Gemeinden haben sich bereits mit dem Dualen System vor Ort zusammengetan, um Wertstofftonnen aufzustellen, zum Beispiel in Hamburg und in Köln, in Saarbrücken und in Berlin, das aber ist noch die Ausnahme.

Ein Beutel aus Bioplastik wäre im Restmüll am besten aufgehoben. Denn trotz seines Namens lässt sich der Kunststoff lange nicht so gut recyceln, wie man vermuten könnte. Das Bioplastik klingt zwar nach dem schönen Versprechen, dass man beides haben könne, ein bequemes Leben und ein gutes Gewissen. Die Hersteller werben damit, dass ihre Beutel aus Bioplastik zu hundert Prozent kompostierbar seien, und vermitteln den Eindruck, dass sie nicht über Jahre in den Wellen treiben würden, sofern sie einmal ins Meer gelangten. Doch in Wirklichkeit würden auch diese Beutel lange im Wasser schwimmen. Die Kunststoffe mögen zu hundert Prozent kompostierbar sein, doch sie sind es nur unter bestimmten Bedingungen. Die Tüten verrotten weder im Garten noch im Ozean. Es muss warm sein und feucht, es braucht genügend Sauerstoff und vor allem braucht es Zeit – die die Betreiber von Kompostieranlagen meistens nicht haben.

Für Kunststoff im Kompost gibt es wie für so vieles eine Norm. Das ist eine Richtlinie, mit der innerhalb eines Landes oder in diesem Fall Europas die gleichen Standards gelten sollen. Die Norm besagt in diesem Fall, dass ein Kunststoff dann als kompostierbar gilt, wenn er nach zwölf Wochen zu 90 Prozent in Teile kleiner als zwei Millimeter zerfallen ist. So viel Zeit haben die Betreiber von Kompostieranlagen nicht, ihr üblicher Abfall verrottet schneller, und mit jedem Tag steigen die Kosten. Wenn man den Beutel also in den Biomüll wirft, muss irgendjemand diesen Beutel später wieder herausziehen, und am Ende findet sich das Bioplastik am gleichen Ort wie der meiste andere Kunststoff wieder – im Feuer. Beim Bundesumweltamt heißt es, Bioplastik zu verbrennen, sei ohnehin die bessere Lösung, dann werde aus dem Kunststoff immerhin noch Wärme oder Strom. Das Plastik bringe keine wertvollen Nährstoffe mit sich, zersetze sich lediglich zu Wasser und zu CO_2. Dem Boden helfe es nicht.

Wir reden zu Recht viel über das Plastik in den Ozeanen, was wir dabei mitunter vergessen, sind die Böden. Anfang 2018 kamen Wissenschaftlerinnen und Wissenschaftler zu dem Schluss, dass Mikroplastik dort noch eine viel größere Gefahr darstellen könnte als in den Meeren. Das Land sei mindestens viermal so stark belastet wie das Wasser, heißt es in der Studie der Wissenschaftlerinnen und Wissenschaftler vom Leibniz-Institut für Gewässerökologie und Binnenfischerei. Das liegt auch daran, dass manche Bauern ihre Felder aus Versehen mit Plastik düngen – mit Klärschlamm voller Kunststoff.

Blicken wir zum Beispiel in den Norden von Deutschland: An manchen Ufern der Schlei war im Jahr 2018 Plastik zu sehen. Der Norddeutsche Rundfunk berichtete damals, der Kunststoff bedecke den Boden wie buntes Konfetti. Es stellte sich heraus, dass die Schleswiger Stadtwerke für ihre Kläranlage Lebensmittelreste angekauft hatten, zum Beispiel Joghurts und Tiefkühlpizzen, die zuvor samt ihrer Verpackung zerkleinert worden waren. Samt dem Plastik. Die Stadtwerke hatten die Masse in den Faulturm der Kläranlage gegeben, um Energie zu gewinnen. Dort behandelt man den Schlamm, der nach der Reinigung des Abwassers übrigbleibt, und nebenbei wird Strom und Wärme produziert. Die Filter im Klärwerk hatten aber nicht alle Kunststoffe fassen können, und so gelangten sie nach und nach in die Schlei. Das ist das eine Problem.

Das andere Problem ist, dass am Ende in solchen Anlagen Klärschlamm übrigbleibt, in dem sich noch immer Plastik findet – und die Bauern ihn mitsamt dem Kunststoff zum Düngen auf ihre Felder werfen. Etwa ein Drittel des Klärschlamms in Deutschland wird als Dünger verwendet, und er hat einen großen Anteil daran, dass in einem Jahr viele Tausend Tonnen Mikroplastik in den Boden gelangen. Der Bundesrat beschloss deshalb 2018, dass Kläranlagen keine Lebensmittel mehr verwenden sollen, die mit ihrer Verpackung zerkleinert worden sind, und bat die Bundesregierung, ein Konzept auszuarbeiten.

Das Problem mit dem Plastik haben alle erkannt, die Politikerinnen und Politiker in den Landesparlamenten oder im Bundestag in Berlin ebenso wie ihre Kollegen in den Institutionen der Europäischen Union in Brüssel und in Straßburg. Die Vereinten Nationen haben dem Plastikmüll sogar wortwörtlich den Krieg erklärt. Selbst wenn nur manche der Vorhaben umgesetzt werden sollten, wird sich in den nächsten Jahren also viel verändern, vor allem beim Recycling. Auch abseits der Politik entstehen gerade Hunderte von Ideen, wie man weniger Plastik verbrauchen und weniger Müll produzieren könnte. Manche Menschen gründen ein Unternehmen, andere eine NGO. Wieder andere gehen erst einmal einkaufen, nur anders als bisher.

Der Mensch

Der Laden erinnert an eine andere Zeit. Als eine Verkäuferin noch alleine hinter einer Theke stand, vor ihr eine Kasse aus Eisen. Hinter ihr Regale voller Einweckgläser. Sie nahm die Waren aus dem Regal und wickelte manche in festes Papier ein. Es gab keine Boxen und keine Folien, auch keine Aufkleber. Das Papier diente allein dem Schutz, und nach diesem Minimalismus, der damals keine Haltung war, sondern Notwendigkeit, sehnen sich manche Menschen heute wieder. Es ging viele Jahrzehnte ums *Mehr*. Jetzt geht es ums *Weniger*.

Der Laden, der an diese andere Zeit erinnert, liegt im Norden von München, und das Besondere an ihm ist, dass er mit so wenigen Verpackungen wie möglich auskommt, vor allem ohne Verpackungen aus Plastik. An der Kasse stehen Einweckgläser und an den Wänden hängen Spender aus Glas; immer mehr solcher Läden haben in den vergangenen Jahren eröffnet. Nicht nur in München und nicht nur in Deutschland, sondern in vielen Ländern Europas.

Die Tür geht auf. Eine Frau und ein Mann schleppen eine Kiste voller Gläser in den Tante-Emma-Laden aus dem 21. Jahrhundert. Zuerst zur Waage, um das Gewicht zu notieren. Dann weiter zu den großen Spendern mit Nudeln und Reis, mit Linsen und Couscous, mit Mandeln und Cashewnüssen. Weiter hinten lagern Cremes oder Waschmittel, alles zum Abfüllen. Wer in diesem Laden seinen Einkauf erledigen will, muss vorbereitet sein, muss Gläser und Beutel dabeihaben. Doch am Ende wird er belohnt werden. Keine einzige Verpackung wird er wegwerfen müssen.

Das andere Einkaufen mag ungewohnt wirken, vielleicht auch anstrengend. Doch wer Strukturen verändern will, muss seine Gewohnheiten verändern, und immer mehr Menschen sind dazu bereit oder sind zumindest interessiert daran. Das sieht man in diesem Laden, aber auch im Internet. Auf Instagram haben Accounts, deren Inhaberinnen und Inhaber für ein plastikfreieres Leben werben, Hunderttausende Follower. Die Bloggerin Louisa Dellert zum Beispiel bezeichnet sich selbst als Aktivistin, ihren Kanal haben mehr als 350 000 Menschen abonniert. Sie postet Videos, in denen sie Müll am Strand sammelt und zum Handeln aufruft, mit Hashtags wie #breakfreefromplastic, #noplaceforplastic oder #plastikfrei. Sie ist Teil einer neuen Bewegung, die den Verzicht auf Plastik zum Ziel erhoben hat.

Es gibt nicht viele Probleme, denen man überall auf der Welt eine ähnliche Bedeutung beimisst. Der Hunger wäre eines, auch die Armut, beim Klimawandel ist man sich schon nicht mehr einig – nun ist das Plastik hinzugekommen. Der Wissenschaftler Roland Geyer, der zur globalen Produktion von Plastik forscht, sagte dem britischen *Guardian* einmal, dass er in den zehn Jahren von 2006 bis 2016 weniger als zehn Interviews gegeben – doch allein in den darauffolgenden zwei Jahren mehr als zweihundert Anfragen erhalten habe. Manche Naturschutzorganisationen beklagen, dass sich die Menschen mittlerweile mehr für Kunststoff interessieren als für den

Klimawandel, selbst sonst eher unpolitische Stars wie Paris Hilton rufen zum Verzicht auf. Das zeigt, dass sich die Haltung der Menschen zum Plastik grundlegend verändert hat.

Zwar wurde schon in den 1990er Jahren bekannt, wie viel Plastikmüll im Meer schwimmt, doch erst jetzt wenden sich immer mehr Menschen von dem Material ab. Sie haben das Gefühl, den Stoff nicht mehr unter Kontrolle zu haben, weil er sich auch überall dort findet, wo sie ihn nie haben wollten. Das Plastik ist den Menschen unheimlich geworden. Die Situation erinnert an Johann Wolfgang Goethes Gedicht vom Zauberlehrling, der den Besen erst zum Knecht gemacht hat und seiner dann nicht mehr Herr wird. Die Menschen haben das Plastik gerufen und werden es nun nicht mehr los.

Wir wissen, dass wir überall auf der Welt Plastik hinterlassen haben, doch nichts produziert so eindrucksvolle Bilder wie das Plastik in den Ozeanen. Zum Beispiel die Flaschen auf dem Meeresgrund, die nach Jahrzehnten noch immer aussehen wie eben gekauft. Die Bilder haben sich in kurzer Zeit in das kollektive Gedächtnis eingeschrieben und dazu beigetragen, dass viele Menschen ihren Konsum überdenken. Die Bilder sprechen so viele an, weil jede und jeder von Plastik umgeben ist, weil wir alle Plastik zuhause haben und Plastik einkaufen. Eine Frau namens Hannah Sartin aber macht das jetzt nicht mehr.

Sie sitzt an einem kleinen Tisch in dem Laden ohne Verpackungen. Vor drei Jahren hat sie ihn eröffnet und »Ohne« genannt, den »verpackungsfreien Supermarkt«. Hannah Sartin und ihr Mann führen mittlerweile sogar zwei plastikfreie Läden in München. Der neuere liegt in Haidhausen, in einem Viertel, in dem die Grünen bei der letzten Landtagswahl so viele Stimmen holten wie nirgendwo sonst in der Stadt. Der erste in der Maxvorstadt, in der die Ludwig-Maximilians-Universität ihren Sitz hat und viele Studentinnen und Studenten wohnen. In derselben Straße verkaufen Edeka und Netto, doch während dort schon viele Verpackungen anfallen, wenn die Laster die Waren anliefern, die Paletten voller Plastikfolie, versucht Hannah Sartin, auch diesen Müll zu reduzieren: Der Kaffee zum Beispiel kommt in Boxen an, die wieder an den Lieferanten im Süden der Stadt zurückgehen. Es könne keine bessere Lösung geben, sagt Sartin, auf keinem Weg entstehe Müll, weder auf der Etappe vom Unternehmen zum Laden noch auf der vom Laden zu den Kundinnen und Kunden.

Die Europäische Union hat die Kreislaufwirtschaft zum Ziel erhoben, doch noch ist sie eine Utopie, weit weg von unserem Alltag. Im Laden von Hannah Sartin ist sie teilweise schon Wirklichkeit. Sie verkauft fast alle Waren unverpackt, viele werden zwar nach wie vor verpackt angeliefert, aber in großen Mengen und meistens ohne Plastik. Das Getreide zum Beispiel kommt in Papiersäcken, das feste Deodorant in Papierschachteln, das Gemüse in Holzkisten. Auf manche Waren verzichtet Hannah Sartin lieber, anstatt Kunststoff mit einzukaufen. Sie würde zum Beispiel gerne Wein zum Abfüllen statt in Flaschen anbieten, den aber hätte sie nur in einem Eimer oder in einem Fass kaufen können, beides bestand aus Plastik. Also entschied sie sich dagegen. Die Bodylotion kam bis vor kurzem in Glasflaschen aus einem Kosmetiklabor, doch das stellte das Angebot wieder ein, und so sucht Hannah Sartin nun wieder nach einer neuen Lösung, die der Umwelt so wenig wie möglich schaden soll.

Der Laden ist ein Gegenentwurf zum Einkaufen von heute, und manchen aus der Generation von Hannah Sartins Eltern oder Großeltern wird er an eine Zeit erinnern, in der es noch keine Kühlregale mit zwölf verschiedenen Joghurts gab. Als dann die ersten großen Supermärkte eröffneten, war das für viele Menschen ein Fortschritt, den Laden mit den Glasspendern werden sie womöglich als Rückschritt betrachten. Für viele andere wiederum ist er ein Fortschritt.

Die Läden bedienen bisher zwar nur eine kleine Klientel, doch sie haben Erfolg. In den vergangenen Jahren haben viele verpackungsfreie Geschäfte eröffnet, nicht nur in den Metropolen, in München oder Berlin, in Hamburg oder Frankfurt, sondern auch in Nördlingen (Bayern), in Werdau (Sachsen), in Lohmar (Nordrhein-Westfalen) oder Landau (Rheinland-Pfalz). Immer mehr Menschen wollen immer weniger Plastik einkaufen, nicht nur in den Großstädten, sondern auch in der Provinz.

In Großbritannien bezeichnet sich sogar eine ganze Stadt als plastikfrei, in einer Bucht am Atlantik im Südwesten des Landes. Die Wellen hatten den Menschen dort so viel Müll vor die Füße gespült wie nirgendwo sonst auf der Insel, und so beschlossen die Bewohnerinnen und Bewohner von Penzance zu handeln. Es geht ihnen vor allem um Einwegplastik, viele Geschäfte führten kein Besteck und keine Strohhalme aus Kunststoff mehr, schon bevor die Europäische Union die Produkte verbot. Das Zertifikat einer plastikfreien Stadt verleiht eine Gruppe von Surfern, und auch andere Gemeinden an der Küste bemühen sich nun darum. Die Bürgerinnen und Bürger von Penzance werden das Problem mit dem Müll alleine zwar nicht lösen können, auch die verpackungsfreien Supermärkte nicht oder ein plastikfreies Hotel, wie es in Bangkok eröffnet hat. Aber die Ideen beweisen, dass es sich lohnt, in Frage zu stellen, wie wir leben – und darüber zu debattieren, wie wir in Zukunft leben wollen.

Der Wunsch, weniger Plastik zu verbrauchen, geht oftmals mit dem Wunsch einher, auch sonst weniger Müll zu hinterlassen. In ihrer radikalsten Form nennt sich diese Bewegung »Zero Waste« (›Null Abfall‹). Wer nach ihren Grundsätzen lebt, macht zunächst einmal nichts anderes, als das deutsche Gesetz einem vorschreibt. Er versucht von Anfang an, Müll zu vermeiden. Doch in diesem Fall bedeutet das nicht nur, weniger Müll zu produzieren, sondern es bedeutet vor allem, nichts Verpacktes mehr zu kaufen. Der Begriff »Zero Waste« kommt aus den USA – aus einem Land also, das den bequemen Konsum perfektioniert hat. Ein amerikanischer Architekt und ein deutscher Chemiker veröffentlichten nach der Jahrtausendwende ein Buch namens *Cradle to Cradle*, in dem sie ein neues Modell des Wirtschaftens vorschlugen, nämlich *cradle to cradle* (›von der Wiege in die Wiege‹). Damit wird das Ziel einer perfekten Kreislaufwirtschaft beschrieben, in der alles, was produziert wird, auch wiederverwertet werden kann. Die Wirtschaft ist davon heute noch weit entfernt, aber immer mehr Menschen versuchen zumindest im Privaten danach zu leben, nicht nur in den USA, sondern auch in Europa. In den sozialen Netzwerken finden sich Dutzende Geschichten von Menschen, die versuchen, keinen Müll mehr zu produzieren. Viele von ihnen nennen als Vorbild eine Frau namens Bea Johnson.

Die Französin Bea Johnson, die in den USA wohnt, führte lange ein Leben passend zu den Erzählungen vom amerikanischen Traum. Sie wohnte in einem Vorort, mit einem großen Auto, einem großen Haus und einem großen Kühlschrank. Doch als sie mit ihrer Familie zurück in die Stadt zieht, in eine kleinere Wohnung, beginnt Bea Johnson auszusortieren. Man ahnt, wie die Geschichte weitergeht – sie bemerkt, dass sie vieles von dem nicht braucht, was sie besitzt. Sie beginnt, einen Kompost anzulegen, sich die Beine mit Zuckerwachs zu enthaaren und über all das einen Blog zu schreiben, den immer mehr Menschen lesen werden. Ein paar Jahre später veröffentlicht sie in den USA ein Buch, das unter dem Titel *Glücklich leben ohne Müll* auch auf Deutsch erschienen ist. Sie propagiert vor allem vier Regeln, um ohne Müll auszukommen:

1. Abzulehnen, was man nicht braucht.
2. Zu reduzieren, was man braucht.
3. Wiederzuverwenden und sonst zu recyceln, was man nicht ablehnen, reduzieren oder wiederverwenden kann.
4. Den Rest zu kompostieren.

Das Buch ist heute einer von Dutzenden Ratgebern für ein Leben ohne Plastik, das zum Lifestyle geworden ist. Das Gute an der Bewegung ist, dass sich immer mehr Menschen darüber Gedanken machen, was sie brauchen und nicht mehr unkritisch einen Stoff verbrauchen, der lange in der Welt bleibt, und den man in den meisten Fällen nicht mehr wiederverwerten kann, sondern nur noch verbrennen. Doch der Umgang mit Plastik ist auch zu einer Glaubensfrage geworden, über die zunehmend dogmatisch debattiert wird. Die einen verdammen das Material und die anderen verehren es, wie immer liegt die Wahrheit irgendwo dazwischen. In manchen Fällen sind die Kunststoffe nicht zu ersetzen, zum Beispiel im Verkehr, in der Medizin oder im Supermarkt, wenn Lebensmittel um die halbe Welt fliegen und trotzdem nicht verderben sollen. Nur müssen sie das überhaupt?

Wir können auf viel Plastik verzichten, wenn wir uns nur anstrengen und die Welt um uns herum in Frage stellen. Wenn wir eben kein Obst kaufen, das schon einmal um die Welt geflogen ist, sondern die Ernte aus der Region. Wenn wir überlegen, bevor wir eine geschnittene Ananas im Plastikbecher kaufen, ob die ganze, unverpackte Frucht nicht eine bessere Wahl wäre, auch wenn die Entscheidung nicht immer so einfach ist wie beim Obst. Nehmen wir zum Beispiel die Wahl zwischen Wasser in einer Glasflasche und Wasser in einer Plastikflasche. Das Plastik kann meistens nicht recycelt werden, das Glas schon, das Plastik wiederum ist leichter als Glas. Wenn der Laster mit den Flaschen einen weiten Weg fahren musste, hat er mit den Glasflaschen also mehr Treibstoff verbraucht, als wenn er Plastikflaschen geladen hätte. Die Ladung hat dann auch mehr CO_2 verursacht. Also ist die Plastikflasche doch umweltverträglicher? Und wie ist das erst mit den vielen anderen Verpackungen?

Es war noch nie so schwer zu entscheiden wie heute, in einer globalisierten Welt, welcher Einkauf am wenigsten schadet und vor allem wem – dem Klima, der Umwelt, den Menschen. Wir haben meistens nicht alle Informationen, die wir bräuchten, um abzuschätzen, welches Produkt auf welchem Weg wie viel CO_2 verursacht hat. Wir haben auch nicht die Zeit, um den Weg all unserer Einkäufe nachzurecherchieren, vor allem wäre es die Aufgabe der Unternehmen, solche Ökobilanzen zu veröffentlichen, aber bislang sind sie nicht dazu verpflichtet. Am besten fragt man also bei einem Mann nach, der sich mit Verpackungen so gut auskennt wie kaum ein anderer im Land.

Frank Welle ist Chemiker und arbeitet am Fraunhofer-Institut für Verfahrenstechnik und Verpackung. Ruft man ihn an, will er eines klarstellen: »Es funktioniert nicht zu sagen, Plastik ist böse.« Die Debatten über die Gefahren von Kunststoff nerven ihn, es gibt für ihn gute Verpackungen und schlechte Verpackungen. Eine Verpackung sei gut, wenn sie Lebensmittel schütze, wenn aus ihr keine Chemikalien ins Essen gelangten und wenn man sie recyceln könne. Verpackungen aus Plastik sind für Welle oftmals gute Verpackungen, denn die Auflagen seien streng genug. »Die meisten Weichmacher haben Sie heute in ihrem Fußboden und nicht in einer Verpackung aus dem Supermarkt.« Frank Welle ärgert sich vor allem über viele neue Verpackungen, die damit beworben werden, weniger Plastik zu enthalten. Er erzählt von einer Verpackung für Brötchen zum Aufbacken, die sowohl aus Plastik als auch aus Papier bestehe. Deshalb lassen sich die Materialien später nicht mehr voneinander trennen, und die Verpackung muss verbrannt werden. Dabei wäre das Recycling einfach gewesen, wenn die Verpackung nur aus Plastik oder nur aus Papier bestanden hätte. »Auch das Kalzium in den Folien, um Plastik zu sparen, ist der totale Schwachsinn.« Man spare zwar Plastik, doch mit dem Kalzium werden die Folien schwerer als Wasser. Plastik alleine aber ist leichter als Wasser und wird in der Sortieranlage nach diesem Kriterium getrennt. Mit Kalzium erkennt die Anlage die Folie nicht mehr – und wieder muss das Plastik verbrannt werden.

Das ärgert Frank Welle, über in Plastik verpackte Gurken dagegen kann er sich nicht aufregen. Für andere sind sie eines der besten Beispiele für absurde Verpackungen, Aldi hat die Folien vor kurzem abgeschafft, doch er sieht das pragmatisch: »Die Gurke hält damit zehn Tage länger und bekommt weniger Dellen. Es werden mehr Gurken verkauft, und am Ende muss weniger Gemüse weggeschmissen werden.« Es wolle doch sicher niemand, dass Lebensmittel verderben, sagt Welle. Wenn es nach ihm geht, sollten die Menschen nicht nur darauf

8 Vorschläge, um Plastik zu vermeiden

Wir werden nie komplett auf Plastik verzichten können, das müssen wir auch nicht. Doch wir können versuchen, weniger Müll zu produzieren, und manchmal reicht es schon, sich ein paar Minuten Zeit zu nehmen. Acht Vorschläge:

Hinsetzen statt hetzen

Wir verbrauchen viele Verpackungen, weil wir auf dem Weg ins Büro einen Kaffee mitnehmen und am Mittag ein Curry in der Box kaufen. Wenn wir uns mehr Zeit nehmen, sparen wir Plastik. Wenn wir morgens zuhause einen Kaffee trinken, uns zum Mittagessen ins Restaurant setzen oder auf dem Weg einen Espresso an der Theke trinken, statt wieder einen neuen Becher mitzunehmen.

Nackt einkaufen

Im Supermarkt ist vieles verpackt, was nicht verpackt sein müsste, zum Beispiel Orangen oder Avocados oder Nüsse. In den meisten Supermärkten bleibt einem keine Wahl, deshalb lohnt es sich nach einem Markt oder einem Bioladen Ausschau zu halten – in letzterem zahlt man oftmals mehr als in den großen Supermarktketten, die Märkte dagegen sind manchmal auch günstiger.

achten, weniger Plastik zu verbrauchen – sondern sich auch über die Folgen Gedanken machen.

Welche Folgen also hätte es, wenn man alles einwickeln würde, was mit einer Folie länger haltbar wäre? Wäre es nicht sinnvoller, wenn man die Waren überhaupt nicht mehr einwickeln müsste, weil sie ohnehin aus der Region kämen? Wenn

Waschen wie Oma

Zwar sind Seifen aus dem Spender oder Shampoos aus der Tube praktisch, doch am Ende entsteht viel Müll. Man muss nur einmal mitzählen, wie viele Plastiktuben man in einem Jahr verbraucht – und kann sich dann überlegen, ob man nicht doch lieber ein Stück Seife kauft, zumindest für die Hände. Profis ersetzen auch die Tuben in der Dusche durch Seife und festes Shampoo, beides gibt es unter anderem in Läden für Naturkosmetik zu kaufen. Dort findet man auch festes Deodorant.

Putzen wie Oma

Es gibt für alles heute ein eigenes Mittel und damit eine eigene Flasche. Wer Plastik sparen will, kann zum Beispiel mehr Essig verwenden. Wenn man ihn heißem Wasser beimischt, lassen sich Pfannen und Geschirr ähnlich gut reinigen wie mit Spülmittel. Aus Natron, Zitronensäure und Speisestärke lässt sich Scheuermilch herstellen – und ein Gemisch aus Natron und Essig eignet sich, um Rohre zu reinigen.

Fasern aus der Natur

Wer vermeiden will, dass Fasern aus Kunststoff ins Abwasser gelangen, der sollte am besten keine Pullover aus Plastik kaufen. Auf dem kleinen Waschzettel an der Innennaht kann man nach-

wir alle zumindest versuchen würden, nur so viel einzukaufen, wie wir brauchen, damit die Gurke nicht so lange haltbar bleiben muss?

Wir sollten mehr nachdenken, wir sollten uns besser überlegen, was wir kaufen. Wobei selbst Frank Welle, der sich mit nichts anderem beschäftigt als mit Verpackungen, zugeben lesen, aus welchen Stoffen ein Pullover besteht: bei Polyamid, Polyester oder Polyacryl handelt es sich zum Beispiel um künstliche Fasern. Wer Baumwolle oder Wolle kauft, vermeidet Plastik, was aber nicht bedeutet, dass die Stoffe nicht andere Probleme mit sich brächten. Der Anbau von Baumwolle zum Beispiel verbraucht große Mengen an Wasser, und Schafswolle wäre für Veganer keine Alternative. Am besten ist es, immer wieder in Frage zu stellen, ob man den Pullover tatsächlich braucht – und wenn doch, im Second-hand-Laden einzukaufen.

Einmal ist nicht keinmal

Wenn wir Produkte nur ein einziges Mal oder nur wenige Male verwenden, lohnt es sich nachzudenken, ob es eine bessere Alternative gibt, vielleicht auch eine ohne Plastik oder zumindest mit weniger Plastik. Dazu gehören zum Beispiel Wattestäbchen, die es mittlerweile auch aus Holz gibt, oder Einwegrasierer, die man leicht durch Rasierer mit wechselbarer Klinge ersetzen kann. Auch Spülbürsten in der Küche lassen sich leicht durch Holzbürsten ersetzen.

muss, dass auch ihm die Wahl im Supermarkt nicht immer leichtfällt. »Ich überblicke das ja oftmals selbst nicht, obwohl ich seit 22 Jahren in dem Bereich arbeite.« Wenn er es schon nicht schafft, wird es für alle anderen erst recht unmöglich sein, immer die beste Entscheidung zu treffen, aber es gibt zumindest ein paar Punkte, an denen man sich orientieren kann. Wenn man versucht, so wenig Verpacktes wie möglich zu kaufen und so viel wie möglich aus der Region, wird man zum Beispiel weniger falsch machen können. Es kommt auch

Anders Pause machen

Eine Alternative zur Tupperbox ist eine Box aus Edelstahl. Sie ist zwar nicht so leicht wie Plastik, hält die Mahlzeit aber warm, auch alte Schraubgläser lassen sich wieder mit Essen füllen. Wer nur ein Brot mitnehmen möchte, dem reicht vielleicht auch Bienenwachspapier, eine Alternative zur Frischhaltefolie. Das Papier muss man nicht wegwerfen, es lässt sich abwaschen und nachwachsen. Eine Trinkflasche mitzunehmen lohnt sich zudem immer, weil man keine neuen Flaschen aus Plastik kaufen muss.

Eine Tasche in der Tasche

Der Stoffbeutel rentiert sich erst, wenn man ihn öfters benutzt und Studien haben unterschiedliche Antworten auf die Frage, wie oft. Manche kommen zu dem Ergebnis, dass man ihn 30 Mal mitnehmen muss, andere wiederum schreiben von mehr als 130 Malen. Wer den Jutebeutel mehrere Jahre zum Supermarkt trägt, kann sich aber ziemlich sicher sein, dass sich sein Kauf gelohnt hat. Außerdem hat der Stoffbeutel im Gegensatz zur Papiertüte einen großen Vorteil, er lässt sich leicht im Rucksack oder einer Tasche zusammenknüllen – man wird ihn öfter brauchen, als man vermutet.

darauf an, welche Prioritäten man hat: Den einen ist wichtiger, ein Material zu verwenden, das abbaubar ist, den anderen wiederum, dass ein Material so wenig Energie wie möglich verbraucht. Mehrere Kriterien zu erfüllen, ist nicht immer leicht, das sehen wir an den Kassen im Supermarkt. Die Papiertüten sind zwar abbaubar, doch benötigt man für eine doppelt so viel Material wie für eine Plastiktüte, damit sie nicht reißt. Außerdem verbrauchen Papiertüten mehr Wasser, mehr Chemikalien und mehr Energie bei der Herstellung, man muss sie also länger nutzen als Plastiktüten, damit sich der Kauf lohnt – nur werden sie vermutlich schneller reißen als eine Tüte aus Kunststoff. Die beste Wahl wäre, mit einer Tasche aus recyceltem Kunststoff einkaufen zu gehen und sie immer wieder zu verwenden, heißt es bei der Deutschen Umwelthilfe.

Auf dem zweiten Platz stehe noch immer eine Tüte aus neuem Plastik und erst auf dem dritten Platz ein Beutel aus Baumwolle. Denn auch um ihn herzustellen, braucht es enorm viel Wasser, womit wir wieder bei der Frage wären, welche Prioritäten man setzt. Die Neue Sammlung in der Pinakothek der Moderne in München hat vor ein paar Monaten diese Fragen ihren Besucherinnen und Besuchern gestellt, hat eine Baumwolltasche neben eine Papiertüte gelegt, einen Pappbecher neben eine Porzellantasse, einen Tampon neben einen Menstruationscup. Die Ausstellung hatten Studentinnen und Studenten vom Lehrstuhl für Industriedesign organisiert, sie hatten ursprünglich den Plan gehabt, immer die bessere Alternative zu zeigen, bis sie merkten, dass die Antwort nicht immer so eindeutig ist wie bei den Pappbechern. Im Museum waren damals auch viele Plastikflaschen zu sehen, und die sind nun einmal nicht zwingend schlechter als Glasflaschen. Es kommt darauf an, wo das Wasser herkommt. Wenn es mehr als 250 Kilometer gefahren ist, nehme man besser die Plastikflasche, heißt es bei der Verbraucherzentrale. Die bessere Lösung wäre Wasser aus der Region in Glasflaschen oder noch viel einfacher: Wasser aus der Leitung. Die Flaschen sind ein gutes Beispiel dafür, dass wir vieles, was heute in den Läden steht, selbstverständlich einkaufen – obwohl wir es vielleicht überhaupt nicht brauchen.

Wenn man heute durch die Supermärkte geht, kann man aber auch sehen, dass sich etwas verändert, zumindest in kleinen Schritten. In manchen Filialen eines großen Bioladens zum Beispiel stehen nun Spender mit Nudeln und Nüssen, in einem anderen Supermarkt liegen Stoffbeutel für Gemüse aus, in einer Metzgerei packen die Verkäuferinnen und Verkäufer die Waren auch in mitgebrachte Boxen. Das andere Einkaufen findet nicht mehr nur in den Spezialläden statt, sondern an vielen verschiedenen Orten, und das ist solchen kleinen Läden wie denen von Hannah Sartin zu verdanken. Denn sie haben sich getraut, angefangen. Sie haben bewiesen, dass Veränderung möglich ist – wenn nur genügend Leute bereit sind, mitzumachen.

Die Zukunft

Das Schiff verlässt den Hafen San Franciscos, und die Welt sieht dabei zu. Es ist Herbst, und an Deck steht ein Mann, der Jahre auf diesen Tag gewartet hat: Boyan Slat. Er trägt eine Sonnenbrille und lacht, vor ihm warten die Fotografen. Sie richten ihre Kameras auf das Gesicht dieses inzwischen 24 Jahre alten Mannes, der schon zu Schulzeiten über das Plastik in den Ozeanen nachdachte – und dessen Idee nun endlich Wirklichkeit werden soll. Sein Schiff fährt auf den Pazifik hinaus, um den Müll aus dem Meer zu holen.

Es steuert auf den Great Pacific Garbage Patch zu, den Strudel voller Plastik zwischen Hawaii und Kalifornien, und wenn es nach Boyan Slat geht, soll man sich irgendwann nur noch davon erzählen können, dass es diesen Strudel einmal gab. Mit Hilfe einer komplizierten Konstruktion will er den Kunststoff aus dem Wasser ziehen; im Meer schwimmt eine erste gebogene Röhre. Sie misst 600 Meter, und von ihr hängt ein Vorhang drei Meter ins Wasser herab, darin soll sich der Müll sammeln und später sollen ihn die Schiffe zur Küste fahren. Das ist zumindest der Plan.

Die Idee von Boyan Slat wurde so häufig kritisiert wie bewundert, doch sollte sie funktionieren, wird sie vieles verändern. Dann wird zum ersten Mal nicht mehr nur Plastik ins Meer gelangen, sondern auch Plastik aus dem Meer heraus. Seine Idee allein wird das Problem zwar nicht lösen können, da neuer Müll aus dem Jangtse in China, aus dem Indus in Pakistan und vielen anderen Flüssen auf der Welt nachkommen wird – doch das Beispiel des Mannes aus den Niederlanden zeigt, dass wir zu mehr in der Lage sind, als wir heute vielleicht glauben mögen. Er hat sich von seinem Vorhaben nicht abbringen lassen, obwohl viele Wissenschaftlerinnen und Wissenschaftler ihn für verrückt erklärten, manche lachen noch heute über ihn.

Selbst wenn seine Konstruktion scheitern sollte, wenn er nie die Millionen Tonnen von Plastik aus dem Meer holen wird, die er sich erhofft hat, können wir uns trotzdem ein Beispiel an ihm nehmen. Die Nachrichten über das Plastik und seine Folgen werden nicht verschwinden, in den nächsten Jahren werden wir wahrscheinlich immer noch mehr über die Folgen erfahren, weil genauere Studien zum Mikroplastik erscheinen werden oder zu den Risiken von Weichmachern oder zu anderen Phänomenen, von denen wir heute noch lange nichts ahnen. Wir sollten diese Probleme dann nicht als unlösbar hinnehmen, sondern an einen Schuljungen aus den Niederlanden denken, der einst beschloss, das Meer vom Müll zu säubern.

Warum sollten wir es nicht schaffen, eine bessere Form des Wirtschaftens zu finden? Warum sollten wir es nicht schaffen, weniger Plastik zu produzieren und mehr wiederzuverwerten? Warum sollten wir es nicht schaffen, weniger Verpackungen zu verbrauchen?

Wir leben schließlich im Anthropozän, in einer Epoche, in der die Menschen die Welt so stark beeinflussen wie noch nie zuvor in der Geschichte, und wir können beeinflussen, wie die Geschichte weitergehen wird. Wir können viel tun. Und wenn wir nur mit einer Plastikflasche beginnen, die niemals auf dem Grund des Meeres landen wird.

Lektüretipps

Bunk, Anneliese / Schubert, Nadine: Besser leben ohne Plastik. München 2016.

Braun, Dietrich: Kleine Geschichte der Kunststoffe. München 2013.

Braungart, Michael / McDonough, William: Cradle to Cradle: Einfach intelligent produzieren. Übers. von Karin Schuler und Ursula Pesch. München 2014.

Ellen MacArthur Foundation (Hrsg.): The New Plastics Economy – Rethinking the Future of Plastics. Cologny/Genf 2016.

Freinkel, Susan: Plastic – A toxic love story. Boston / New York 2011.

Johnson, Bea: Glücklich leben ohne Müll. Übers. von Anne-Mirjam Kirsch. Kiel 2016.

Moore, Charles: Plastic Ocean – How a Sea Captain's Chance Discovery Launched a Determined Quest to Save the Oceans. New York 2012.

Filmtipps

Boote, Werner: Plastic Planet. 2009.

Leeson, Craig: A Plastic Ocean. 2016.

game of thrones
oper
1x ikea
plastik
katzen
feminismus
päpste
theodor fontane
reclam.
star wars
100 seiten
resilienz
gehirn
ovid
mafia
superhelden
menschenrechte
rammstein